「気にしい」のもやもやが消える方法

根本橘夫

WAVE出版

はじめに

「外に出ると、人の目がとても気になります」

「人に接するとき、すごく気をつかってしまいます」

「ミスしないかと、いつも不安です」

「何をするにも気になって、何回も確認します」

「些細《ささい》なことがいつまでも気になってしまいます」


こうした「気にしい」の人は、感じやすく、考えすぎる人です。

考えることは、希望につながります。しかし、考えすぎると、未来は不安に、現在は優柔不断に、過去は悔いばかりになってしまいます。

「気にしい」な人は、まさにこうした世界に住んでいるのです。

「細かいことは気にしないで」
「考えすぎないようにしよう」

まわりからは、そんなアドバイスをされますし、あなた自身だってそれは十分わかっています。ですが、何の効果もありません。**こうした「気にしい」を抜け出るには、その本質を理解し、適切な対処法を習得することが必要なのです。**

本書は、そのために役立つ情報と具体的な対処法を提示します。

どこから読んでも結構です。でもそのあとで、ぜひ全体を読んでください。有効な対処法やヒントが、ほかの個所にも含まれているはずです。

本書が、あなたの自己理解を促進し、より快適でより積極的な生き方に役立つことを願っています。

「気にしい」のもやもやが消える方法◎目次

第2章 なぜ、「気にしい」になってしまうのか？

第3章 「気にしい」の深層心理を解き明かす

第5章 「もやもや」が消える心の持ち方

第6章 「気にしい」行動を修正する

第7章 「気にしい」の身体を変える

第1章

私、「気にしい」で困っています

1 「気にしい」な私が気になるもの

「気にしい」には、いろいろな表れ方があります。気にしすぎてしまうために、不利益をこうむっていることも少なくありません。

メールやラインが気になる

筆者は字が下手なので、手紙を書くことが苦手でした。ワープロが出るまでは、学生の就職や進学のための推薦状を書くのが苦痛だったのです。

現在では、連絡はほとんどメールで済むようになりましたが、一方で、こうした通信手段の発展が、以下のような新たな「気にしい」を生み出しています。

「メールしたあと、返信が来るまで落ち着かなくて、何度も確認してしまいます」

「メールやラインで自分の書いた文章が気になって、なかなか送信できません」

「既読なのに返事が来ないと、いろいろ憶測《おくそく》して気持ちが落ち込みます」

「メールが来たらすぐに返信しないと、悪いことをしているような気になります」

「SNSの『いいね!』がもらえたかが気になって、しょっちゅう確認しています」

人の目が気になる

誰でも、他人の目は多かれ少なかれ気になりますが、とくに「気にしい」の人は、それによって大きく束縛されてしまいます。


「友だちと出かけるとき、何か言われないかと思って、好きな服を着ていくことができません。結局、いつもの決まりきった服装になってしまいます」

「一人では外食できません。一人でレストランに入ると、孤独な女と思われるようで」

「外出すると人目が気になって、何度も化粧をチェックします」


また、気にしすぎる人は、思いがけないところでも悩んでいます。

「ドアをノックするとき、どのくらいの強さで叩けばいいのかわかりません。強すぎると、乱暴だとか悪意があるとか思われそうで。でも、弱すぎると、自信がない奴とか、本当は来たくないのかって思われるじゃないですか？」

なかには、文字通りほかの人の目が気になる人がいます。また、人と話すとき、「こんなことを言ったらバカにされないか、嫌われないか」などと深く考えて、自分に注意が向いてしまい、自分のいろんな面が気になる人もいます。

「電車の中で、向かい側に座っている人と目が合うと、戸惑ってしまいます。それで、乗ったらすぐにスマホを見るようにしています」

「話すときは相手の目を見て、と言いますが、目が合うと圧迫されるようで怖いです」

「口に唾《つば》がたまっていないか、笑うとき歯茎《はぐき》が出すぎていないか、視線を合わせすぎていないか……そんなことが気になっています」

人の目を気にする人は、いつでも、誰とでも、比べてしまう傾向があります。

すると、他人との違いばかり意識するので、自分は異質だと感じたり、自分の至らなさに目が向いて「自分はダメだなあ〜」と落ち込むことになりがちです。

相手の言葉や行動が気になる

「気にしい」な人は、ほかの人の言葉や行動で、気持ちが大きく動揺《どうよう》してしまいます。

「冗談で言われたことなのに傷ついてしまい、いつまでも忘れることができません」

「相手が不機嫌だと『私何かした？』と、自分を責めてしまいます」

こうした人にとって、職場はとりわけ「気にしい」のるつぼになっています。

「このごろ、○○さんの対応がそっけないので『嫌われてしまったのでは』と、ことあるごとに気になっています」

「上司はアドバイスしてくれているのだ、とはわかっているのですが、私は叱責《しっせき》されたように感じてしまいます」

できない奴、頼りない奴、あるいは無責任な奴と思われるのではないか、などと評価が気になりますが、それを気にしすぎると、いろいろな弊害《へいがい》が生じます。

「報告書は完成しているのですが、ずるずると提出を延ばしています」
「上司に報告するとき、とても緊張してうまくいきません」

身体への「気にしい」

身体への「気にしい」には、二つのタイプがあります。

一つは、劣等感と結びついている場合です。背が低い、太っている、胸が小さい（大きすぎる）、髪の毛が薄い、鼻や目の形など、じつに多様です。

こうした悩みを持つ人は、ひそかに対応策をとっています。

「家族みんなが小さいので、並んで歩くのがイヤです。一緒に外出しません」
「お尻が大きいので後ろから見られたくなくて、いつもみんなの最後を歩いています」
「身体の匂いが気になるので、外出するときはオーデコロンをつけています。でも、そうすると今度はオーデコロンの香りがきつすぎないかと、気になってしまいます」

もう一つは、心気症的な「気にしい」です。これは、ちょっとした身体の変調を、病気ではないかと気にするような状態です。たとえば、お腹に痛みを感じると、胃がんではないかと思ったり、胸の筋肉痛なのに心臓疾患《しんぞうしっかん》を心配するなどです。

実際に何らかの身体的不調や疾病があり、それを過度に気にする場合もあります。こうなると、疾病が「気にしい」をつくり、疾病を長引かせる悪循環におちいっていることが少なくありません。たとえば、過敏性腸症候群《かびんせいちょうしょうこうぐん》に苦しむ人は、つねにお腹の具合に注意を向けてしまい、その過度の注意がお腹の変調を引き起こしたり、増幅させたりする作用を及ぼしていることがあります。

潔癖症としての「気にしい」

「ほこりが気になり、しょっちゅう乾拭きしています」「きちんと整頓《せいとん》していないと落ち着かないので、いつも片づけをしています」「何か飾ると部屋が散らかっているように感じるので、絵画や花瓶などは全部押し入れにしまってあります」などと、「気にしい」の中には、周囲を過度に整えることに心が集中する人がいます。

雑菌や臭いを気にする人も増えていて、消臭剤や除菌剤がよく売れているそうです。

「来客があると部屋が汚れるのでイヤです。客が帰るとすぐに除菌、消臭します」

こうした人は、ほかの人が履《は》いたスリッパを履けません。電車に乗ったときも、前の人のぬくもりが残っている座席に座れませんし、外出先でトイレに行っても、便座にお尻を触れることができない人もいます。

強迫的「気にしい」

これまで述べてきた例も、多かれ少なかれ強迫的傾向を帯びていますが、もっぱら強迫的傾向が強く表れる状態もあります。たとえば、何度も確認するという行動です。「鍵をかけたか気になって、何度も確認する」「料理をしたあと、火を消したかどうか何度も確認する」「旅行準備で足りないものがないか気になって、何度も確認する」などが典型的な例でしょう。

あるいは「拒食症だった時期、食事時間や食品を厳格に守るという強迫的行動にとらわれたことがありました」「階段を上がるときは、必ず左足からでなければなりません。無意味なことはわかっているのですが、なぜかこのルールから抜け出せません」などと、自分に厳格なルールを課す場合もあります。

被害妄想的「気にしい」

「気にしい」が、被害妄想につながることがあります。たとえば、以下のような例があげられます。

- ほかの人が談笑していると、「私の悪口を言っている」と受けとってしまう。
- 相手が口をおさえると、「私の口が臭っている」と思う。
- 向かいの家のカーテンが少し開いていると、私を見張っているのだと受けとる。
- 電車で隣に座っていた人がほかの席に移ると、「私がイヤなのだ」と思ってしまう。

2 あれもこれも！「気にしい」で困ること

仕事や勉強の妨げになる

一つ気がかりなことがあると、それに頭が占領されてしまい、仕事や勉強の邪魔になります。**とりわけ、細部に慎重を要する仕事であるほど妨害されます。**

また、考えすぎて気軽に行動できないことが、仕事の妨げになることもあります。たとえば、同僚にちょっと教えてほしいことがあっても、「迷惑かな？」と思って躊躇《ちゅうちょ》してしまいます。上司に相談したくても「こんなこともわからないのか」などと怒られるかもしれないと思って相談できません。

優柔不断で決断できない

「気にしい」だと、余計なことを考えてしまうので、てきぱきと決断できません。このため、仕事をずるずると引き延ばし、能力が低いと評価されることがあります。ひどい場合には「グズ」「怠け者」という、不当なレッテルを貼られてしまうかもしれません。

優柔不断さは「臨機応変な対応が必要な緊急事態に弱い」という弱点につながるのですが、この弱点は、仕事上ばかりでなく、日常生活でもハンディになります。

本来の意味での自信が持てない

「気にしい」は、だいたいがまじめな努力家なので、子どものころから勉強や習い事などで優秀な場合が多く、「〇〇ができる」という意味での限定的な自信ならあります。

ただ「自分を信頼する」という、本来の意味での全面的な自信が持てません。周囲の人の思惑ばかり気にかけ、自分自身でいることができないからです。

人に気をつかうばかりで、本心とは裏腹の行動をしているようでは、確たる自分を感じられず、「自分自身を信頼する」という自信を持てるわけがないのです。

自分の実力がなかなか発揮できない

気にしすぎる人の諸特性は、実力の発揮に不利に作用することが多々あります。

【考えすぎる特性】 物事は考えなければなりません。しかし、考えすぎるとパフォーマンスが妨害されます。考えすぎは禁物です。

【悲観的特性】 悲観的な人と楽観的な人を比較した研究では、後者のほうが潜在的なパフォーマンスが高い、ということが明らかになっています。

【こだわりという特性】 細部にこだわると、物事を大きな視点でとらえることが疎かになる場合があります。

【過剰な責任感という特性】 これがあると、責任を伴う役を重荷に感じ、昇進の話なども避けてしまいます。

【注意が人間関係に向きがちな特性】 仕事をするときは、仕事への集中力と人間関係への注意とのバランスが求められます。このとき、人間関係に関心が向きがちだと、仕事への集中が妨害されます。

人間関係が重荷になりがち

相手の感情を害さないように、相手から嫌われないように、非難されないように、相手を喜ばせるように……。このように、気にしすぎる人は、いろいろと気をつかって人に接しているので、人間関係が重荷に感じられます。

さらには、自分に気をつかわせる相手に対する怒りもわいてきます。これによって、人間不信がいっそう強まるという悪循環になっていることがあります。

ストレスで疲れてしまう

「気にしい」とは、「自らストレスをつくり出してしまう性格」と言うことができます。

「多くの人が気軽に考えることを、重大事と受け止めてしまう」「多くの人が気にもとめないことにこだわってしまう」「多くの人が柔軟にルールを適用する場面でも、厳格にルールを適用しようとする」などといった傾向のためです。

こうしたことで、気にしすぎる人は日々、多くのストレスを抱えています。心も身体も持続的な緊張状態にあるので、心身の不調を抱えていることが少なくありません。

「無価値感」におちいりやすい

些細なことで傷ついてしまう自分、いつまでもクヨクヨしている自分、みんなと同じように振る舞えない自分、ほかの人に蹂躙《じゅうりん》されている自分。さらに、そんな自分から抜け出そうと思っても、抜け出せない自分……。こうしたことで「気にしい」の人は、無力感や無価値感、自己嫌悪などにおちいりがちです。

また、こうした状態から抜け出そうと過剰《かじょう》に努力して、人間関係が悪化したり、気にしすぎる傾向が昂進《こうしん》している場合があります。そのために気分が落ち込みがちで、うつ的症状を伴っていることも少なくありません。

このようにして「気にしい」は、生活や人生の幅を狭めてしまいます。

ある人は人目が気になって気軽に外出できません。またある人は、人間関係がストレスで、親しい友人からも遠ざかってしまいます。これらのような引きこもる人は、人生を狭めてしまっている典型的な例です。

「ねばならない」の呪縛《じゅばく》にとらわれて、本当に自分が望む人生を生きることができない人もいます。挑戦することは不安なので、夢の実現にとり組むことなく、夢想するだけにとどまっている人も少なくありません。

第2章

なぜ、「気にしい」になってしまうのか？

1 現代社会が「気にしい」を生み出す

「気にしい」の形成には、社会や文化、生得的素質、養育環境、個人的体験など、多様な要因が複雑に影響しています。

伝統指向から他者指向への転換

歴史的に見て、現代社会は、他者を意識せざるを得ない他者指向の時代と言えます。

米国の社会学者デービット・リースマンは、古典的名著『孤独な群衆』（加藤秀俊訳／みすず書房）において、社会のあり方と性格形成との関係を分析し、現代人が他者を意識する社会的必然性を解明しました。

彼によれば、かつて慣習や社会規範、宗教、社会システムなどの伝統が確固として社会に根づいていた時代は、伝統に従って生きていく伝統指向型性格が優勢でした。

しかし、産業革命に伴って社会が大きく変動すると、もはや伝統に依存することはできなくなり、内部指向型性格が優勢になります。すなわち、親や教育を通して形成された個人的な価値観に従って生きる性格です。この性格は、個人的な成功を追求することで、資本主義を発展させる精神的原動力にもなりました。

やがて、生産性の高まりとともに、第3次産業やマスメディアが発展し、いわゆる大量消費社会になります。この社会では、流動性の高まりの中で人々の孤立化が進行し、多くの人の心を不安がとらえるようになります。**そのため、周囲の人々に受け入れられることや、同調によって安心を得ようとする他者指向型性格が優勢になるのです。**

このような社会のあり方は、明確に意識しなくても、個々人に大きな影響を与えています。たとえば、よほど勇気のある人でも、明らかに流行後れとわかる服を着て外出することなどできないでしょう。

競争社会による「自己価値感」の低下

資本主義社会は、競争が原動力になる社会であり、近年になるほど競争が激しくなっています。個人だけではなく、企業もグローバル化や規制緩和などにより、厳しい競争関係に置かれるようになりました。このために、多くの企業が、年功序列制度から社員間の競争を促す業績主義制度へと移行しています。

競争とは、自分と他者を比較することなので、必然的に自他に向ける意識が強化されます。同級生や同期入社の友人は、ライバルともなるので、友情に無条件に浸りきることができなくなります。こうしたことで、人間関係に孤立的な傾向が強まります。

また、競争においては、勝者や優位に立てる者は少数にとどまり、圧倒的多数はそうした位置から締め出されます。

こうしたことで、競争が激化するほど、人々は高い自己価値感（自分が価値があるという感覚）を持つことが困難になります。実際、自己価値感の経年変化を調べた諸研究によると、近年になるほど自己価値感が低下するという一貫した結論が出ています。

自己価値感の低下により、心は傷つきやすくなります。心が傷つくことの本質は、自分に価値があるという感覚が脅かされることだからです。この傷つきやすさのために、傷つく恐れのあるものに敏感になり、周囲を過度に気にする心性となるのです。

評価社会が「気にしい」を増やした？

現代は、他者から受ける評価の比重が高まっていることも、周囲を気にする傾向を強める作用を果たしています。

学校では、周囲に合わせることができない子どもはKY（空気読めない）と評価され、バカにされたり、排除されたり、いじめの対象になったりします。

また、子どもたちの流行は短期間で移りすぎていくので、アンテナを張っていて乗り遅れないようにしなければなりません。あるゲームは急速に広がって、ほどなくほかのゲームに取って代わられます。女子生徒たちの言葉の命は短く、大人たちが知ったころにはもう死語になっています（先のKYもすでに死語です）。

学校における評価と言えば、かつては教師による子どもの評価に尽きました。

しかし、いまや、学校と教師に対する保護者からの評価が、大きな影響力を持つようになりました。また、第三者機関によって、公的な評価を受けなければならない学校評価制度も始まっています。

企業においても評価の比重が高まっています。業績主義制度の導入に伴い、人事評価が重視されて、社員は自分に寄せられる評価を気にせずにはいられなくなりました。

お店やホテル、旅館なども、遠慮のない評価がなされるようになりました。専門家の三ツ星評価などにとどまらず、利用者個人が評価をインターネットに書き込む（口コミ）ようになりました。いまや、こうした評価が、多かれ少なかれ営業に影響を与えるようになっています。

病院や医師でさえも、利用者や患者の評価にさらされる状況にあります。たしかに、昔も噂や評判という形での評価はありましたが、ごく狭い範囲の人々に共有されていたにすぎません。

しかし、現在はインターネットで公開されることで、無数の人々の目にさらされるようになっています。

一般の人もブログをつくれば、訪問者数がカウントされ、順位づけの評価がされます。ツイッターでは「いいね」を受けた数がカウントされます。これらの媒体で問題発言と評価されれば辛辣な批判が殺到して、閉鎖の憂き目にあうこともあります。

2 「気にしい」は日本文化の産物？

幼児期から重視される協調性

わが国では、幼いころから周囲の人々を気にかけるように育てられます。

たとえば、日本、中国、米国の保育園と幼稚園の先生に、「園で学ぶ最も大切なことは何だと思いますか？」と聞いた調査があります。

いくつかの選択肢の中から、米国の先生は圧倒的に「自信」を選択し、中国の先生は「組織の一員として協力すること」を選択しました。

これに対し、日本の先生が圧倒的に選択したのは「共感・同情・ほかの人への心配り」でした。小・中・高校でも協調性の育成が目標とされ、個性を伸ばすよりも、みんなと同じように行動するように訓練されます。

少なからず、こうした背景が「気にしい」をはぐくむ一因になっているのです。

言外からも他者の思惑を読む必要がある

世間体や心配り、忖度《そんたく》などの言葉に表現されるように、日本人は昔から人の思惑を気にしながら生活してきました。周囲を気にする能力は、日本社会を生きるのに必要な力です。

日本の文化には、自分と相手との相対的な関係を配慮すべき多くのルールがあります。年齢、地位、先輩・後輩などで、相手の呼び方、用いられる言葉、話し方、接し方を変えなければなりません。

ちなみに、英語には先輩・後輩に該当する単語はありませんし、相手の呼び方は、上下関係、年齢、性にかかわらず「Ｙｏｕ」で問題ありません。

また、建前と本音という言葉で表現されるように、明言された言葉だけでなく、その背後に秘められた本心や意図を気づかって解釈しなければなりません。

たとえば、日本人が「イエス」と言った場合でも「ノー」と伝えていることがあり、逆のこともあります。こうした微妙なコミュニケーションを、外国人が理解することはなかなか困難です。

さらに、日本語では、直接的な表現を避けて、言外の意味を読み取ることが求められる表現が多用されます。たとえば「よろしくお願いします」という言葉は、いろんな場面で多様な意味に用いられます。受け手は、その場その場に応じて、相手が意図することを推測しなければなりません。

「ルール厳守」の徹底が、間違いへの不寛容に

日本はルールを厳格に適用する国ですが、このことが「気にしい」を生み出す社会的要因の一つになっています。

ルールを厳格に守る文化は、仕事に精密さや緻密《ちみつ》さを求めるということにつながり、日本人の仕事の質の高さとして、外国から評価されるところともなっています。

外国からの旅行者は、定刻通りに運行される交通機関に驚きます。運転手は運行表に厳密に従って、1分の違いもなく運転しているためです。

外国を旅行したり、生活したりすると、彼らがいかに柔軟にルールを適用しているか

を実感します。

かつて、家族で米国に滞在していたとき、5歳だった娘がキンダーガーデンに通っていました。あるとき、担任教師から「お宅の子どもは給食を食べる量が少ないので、給食費は半額で結構です」という連絡がありました。

それで、その後は半額を払っていたのですが、やがて休職していた本来の担任の先生が戻ってきました。この件についての引継ぎがなかったらしく、子どもに半額の給食費を持たせてやったら足りないというメモが来ました。

金銭的に困っているわけではなかったので、満額払おうと思ったのですが、試しに、前の先生から半額でいいと言われた事情を説明してみました。すると、あっさり「オーケー、わかりました」と、了承してくれたのです。教師が自分の判断で、特定の子どもの給食費を減額することなど、日本では考えられません。

ルールを厳守するという姿勢は、間違うことへの不寛容に通じ、日本人は間違うことを必要以上に気にします。

たとえば「間違いだらけの」と表題のついた本を、アマゾンで検索してみてください。何百冊と出てきます。自分の好みの車を買えばいい、自分の好きな服装をすればいい、自分が気に入っている化粧をすればいい……。

ところが、これらの本は、それではダメだというのです。「正しい○○」でなければならないと主張するのです。

これだけ国際化しているのに、いまだに日本人は英会話が苦手なのも、間違いを恥じることに一因があります。英語の時間には文法が徹底的に教え込まれ、英作文は修正だらけになり、多くの子どもが英語の学習に自信を失ってしまいます。

これに対し、中南米出身の少なくない人が、読みも書きもできず会話も文法的間違いが多いのに、ちゃんと英語で対応できています。

わが国の学校では、子どもたちは積極的に質問せず、討論に消極的だと指摘されています。こうした姿も「間違うことは恥ずかしいこと」という文化に一因があります。

3 生まれながらの「気にしい」

意外に大きな遺伝の影響

かつては、性格形成に環境の影響が優位と思われていましたが、現在は遺伝の影響が意外に大きいことがわかってきました。

たとえば、オーストリアの著名な精神医学者ジークムント・フロイトは「強迫神経症は、幼児期の厳しいトイレット・トレーニングに原因がある」と主張しました。

しかし、実際に調査してみると、そのような事実は確認できませんでした。強迫神経症の子どもは、親も強迫神経症であった確率が高いことなどから、むしろ遺伝的要因の影響が強いと結論されています。

双生児を対象にした研究でも、いろいろな性格特性において、家庭環境よりも遺伝的要因の影響のほうが強いという結果が得られています。ほぼ全面的に家庭環境によると考えられていた非行でさえも、むしろ遺伝的要因の影響のほうが強い、と結論した調査もあるそうです。

さらに、人間の染色体の遺伝子情報を解析したヒトゲノムプロジェクトによって、不安や興味・関心などいくつかの性格特性に関わる遺伝子構造も見出されました。

こうしたことから、気にしすぎる人の中には、生得的に気にする素質を持った人が含まれていると言えます。

「生まれつき過敏な子ども」とは？

サンフランシスコ・ユング研究所の女性研究者エレイン・N・アーロンは、生得的な過敏性について研究し、**生まれつき過敏な赤ちゃんがほぼ5人に1人の割合で存在する**と言っています。

これら過敏な赤ん坊は、ちょっとした味の違いや室温の変化などでぐずり出し、大きな音やまぶしい光にびっくりして泣き出します。

また、チクチクする服の感触をイヤがります。少し大きくなると、心の面で傷つきやすく、心配性であったり、臆病《おくびょう》であったりします。

こうした子どもは、大きくなっても以下のような特質を持っています。

【刺激を過剰に感受する】

このため、精神的負荷が大きくなり、心身ともに疲れやすくなります。旅行やイベントなど、本来は楽しいはずの体験もストレスになってしまいます。**集団に参加するとか、人前で発表するなど、刺激の多い場面では、とくに尻込みしがちになり、実力を発揮できません。**たとえ発揮できても、ひどく疲れてしまいます。

【感情反応が強く共感力が高い】

人の気持ちを読みとる力や、共感力が高いので、強い感情が喚起されやすく、心が動揺しがちです。

【ささいな刺激を察知する】

これは感覚器の敏感さというよりも、思考や感情のレベルが高いことに起因します。たとえば、会話のちょっとしたニュアンスや声のトーン、目の動きなどに敏感に意味を感じとる能力です。有利に機能することもありますが、刺激の過剰負荷をもたらしたり、相手の心を読みすぎるなど、多くの場合で不利に働きます。集団活動が苦手で、友だちとの関係にも困難を抱えがちです。

【物事を深く考えたり、徹底的に処理する】

公平や平等など、抽象的なことに関しても過敏で、年齢の割に鋭い質問をするとか、大人びたことを言います。あるいは、いろいろと考えるので、行動を起こすのに時間がかかるとか、なかなか決断できなかったりします。過去のことをいつまでも引きずるようなこともあります。

このように「気にしい」は、ある程度、生得的要因によるものだとわかれば、「自分が弱いから気にしすぎるのだ」などと、いたずらに自分を責める必要がなくなります。

その意味では、救いになるのではないでしょうか。

同時に、気にしすぎる性格から抜け出そうと必死にあがいていた心を、別の方向に向ける助けにもなるでしょう。「抱えて生きていこう」と。

4 親の養育は影響が大きい

素質は乗り越えられる

過敏な素質を持って生まれた子どもが、必ず「気にしい」になるわけではありません。遺伝的素質の発現には、環境が影響するからです。

たとえば、米国の著名な発達心理学者ジェローム・ケーガンらの研究によれば、生後21か月で内気だった幼児のうち、4年後にはその3分の1は内気ではなくなっていました。**その内気でなくなった子どもを調べてみると、とくに母親の接し方が関係していることがわかりました。**具体的には、これらの母親は、少しずつ外界に慣れるように子どもを導いていたのです。

子どもが内気だと、親は子どもを保護しがちですが、それだけではいけません。母親は子どもの安全基地になるとともに、子どもを外界へ送り出してあげる母港になることも必要なのです。

さらに、内気な子どもたちを青年期になるまで追跡してみると、内気なままにとどまっていたのは3分の1ほどでした。**つまり、内気だった幼児のうち3分の2は、内気な青年ではなくなっていたのです。**

幼児期の内気を克服したこうした青年の脳をfMRI（磁気共鳴機能画像法）で調べた研究では、扁桃体《へんとうたい》が過敏に反応する傾向は残っていました。つまり、生理的には内気な性質のままなのですが、思考法など脳の使い方によって、素質を乗り越えていることがわかったのです。

しつけが「監視する自分」を強化する

生育環境のうち、「気にしい」の性格形成に大きな影響を与えるのはしつけです。

しつけることとは、端的に言えば、子どもの心の中に、自分を「監視する自分」を育てることです。ですから、しつけにより、子どもの心は「監視する自分」と「監視される自分」とに分裂します。しつけが徹底的になされるほど「監視する自分」が優勢になり、自由な自分を束縛するようになります。

「監視する自分」の端緒《たんしょ》は、親の期待や価値観などの採り入れですが、成長とともに他者一般に拡大し、抽象的な他者の目さえ気にするようになるのです。

親の性格が子どもを「気にしい」にする

親の性格は多様であり、それが子どもの「気にしい」に影響する可能性があります。**たとえば、子どもをいつも批判的に見る親であれば、子どもは批判されない自分であろうと意識的・無意識的に努めます。**このために、つねに他者から見た自分を意識するという心がつくられ、他者からの批判に過敏に反応する性格になります。

感情的に未熟な親を、子どもが気づかいながら育つと、それは他者への気づかいへと拡大していきます。ある学生は、次のように書いています。

「母は自分の思い通りにいかないとかイヤなことがあると、すぐ機嫌を悪くして態度が変わる。私が関係していなくても、私まで気分が悪くなる。そんなことで、私は人の機嫌を損ねないようにと、いつも気にするようになった」

親が細かいことを気にする神経質な性格であれば、細かいことに注意を向ける心性が自然と子どもに浸透していきます。「お腹の調子は？」「熱はない？」「寒くない？」などとしじゅう問いかけられれば、子どもは自分の身体に敏感にならざるを得ません。

「『今日の予定は？』『明日は？』が母親の口癖。そんなためか、今日何か足りないと感じ、明日に不安を感じる」という人もいます。

「交わり体験」の乏しさが気にしすぎの遠因に

幼いころからの「交わり体験」の乏しさも、気にしすぎる性格をもたらす原因になっています。とりわけ、一人っ子の増加や、兄弟の少なさが大きな影響を与えています。

兄弟が多ければ、四六時中、遠慮のない感情をぶつけ合いながら成長するので、多少のことでは傷つかないたくましさが獲得されます。

また、子ども同士の交流の希薄さも影響しています。昔の子どもは、近所の異年齢集団で遊ぶことが多く、その中でつき合い方やトラブルへの対処の仕方などを、自然に学んでいました。現在は、そうした体験が乏しく、行動の仕方が十分身についていないので、集団の中で不安になり、気をつかいながら行動せざるを得ないのです。

5 自分で自分を「気にしい」に？

些細なことに執着してしまう「自己水路づけ」

心理学に「水路づけ」という概念があります。さまざまな方法がある中で、ある特定の方法が選択されると、それが固定化され、ほかの方法が排除される現象のことです。

子どもは知らないうちに、親によって水路づけされることが多いのですが、自分である場合を「自己水路づけ」と呼ぶこととします。自己水路づけによって、ほかの人には無意味に思えることや、些細なことに執着《しゅうちゃく》する「気にしい」になる場合があります。

由衣（仮名）さんは、中学・高校を通して、学校で書いたノートを家で別のノートに清書しなおすという形の勉強法をとっていました。きれいに整理されたノートを見ると勉強した気持ちになり、満足できるのです。

ところが、大学に入って通学に長時間かかるようになり、家で清書する時間を確保できなくなりました。最初は夜遅くまでがんばって清書していましたが、次第に疲れがたまってきて、成績も低下し、自信を失って、うつ状態になってしまいました。

ノートは自分のためのものであり、自分で読めればいいものです。ですから、清書の時間がとれないのであれば、清書しないで済むように勉強法を変更すればいいだけのことです。ところが彼女は、この勉強法に強固に水路づけされてしまっているために、ほかの方法に移れないのです。

このように、自己水路づけによる「気にしい」が、悩みや苦しみをもたらしていることは少なくありません。

拒食症の人の中にも、こうしたタイプが見られます。やせようと軽い気持ちで始めたダイエットなのに、目標を超えてもダイエットがやめられなくなってしまうのです。そこまでいかなくても、摂取カロリーを過度に気にするようになるとか、毎日の運動量に厳格に執着するようになることがあります。

「ねばならない」という呪縛の何割かは、自己水路づけが関係していると思われます。

親からの期待を過大視する子どもたち

幼い子どもは、自分が親を喜ばせていると感じることが、いちばん嬉しいものです。このため、小さいころから親の期待を読みとり、応えようとします。親のほうも、その状態が心地いいので、意識的にも無意識的にも、この関係を歓迎してしまいます。

こうしたサイクルの中で、子どもは、親の思いよりもはるかに高い目標を、自分に課すようになることがあります。この目標を達成できないことで「親の期待に応えられないダメな自分」と落ち込むのです。

親子面談をすると、しばしばこうした場面に出会います。

入学早々、相談に来た学生がいました。「入学した大学は第1志望の有名大学ではないので、親もがっかりしている。それで、中退して受験しなおしたい」と言うのです。

しかし、親の思いは違っていました。

「がっかりなどしていません。有名大学にこだわらず、この子が青春を楽しんでくれればいいと、ずっと思ってきました。偏差値の高い高校や有名大学への進学を希望していたのは、この子自身が、その高校や大学に行きたいからだと思っていました」

親の期待を過大視して高い基準を自分に課すことが、やがては完璧主義につながることもあります。

「幼いころに父を亡くし、ずっと母子家庭だったので、母の支えとなり、いつも手のかからない〝いい子〟でいるように努めてきました。そのためでしょうか、いまの自分は、完璧を求め、失敗することをすごく恐れるようになっています」

自己意識の高まりが「気にしい」に？

思春期になると、抽象的思考能力が発達し、急速に自己意識が高まります。

そのため、もっぱら外界に向いていた意識が、自分自身へも向けられ、ほかの人から見た自分を気にするようになります。

とりわけ、同年齢の異性の目から見た自分が気にかかります。髪形や服装に気をつかい、しょっちゅう鏡でチェックするようになります。

ほかの人からどう見られているかが気になるのは、容姿に限りません。自分の能力や行動、人柄など、自分全体が対象になります。

このように、他者の目から見た自分を気にすることは、必然的に他者との比較につながり、優劣を意識せざるを得ません。このため、思春期になると、子ども時代につくられた自信が揺らぐ人もいれば、逆に新たに自信を持つ人もいます。

たとえば、勉強ができることで自信を持っていた子どもは、このころになると容姿のほうが評価の比重が高くなることを知り、自信が低下することがあります。逆に、勉強できないことで自信を持てなかった子どもは、自分の身体的魅力が高く評価されるようになって、自信を得るということがあります。

思春期には、まわりの目を気にする傾向が非常に高まるのですが、これまでに自分を信頼するという意味での本来の自信（自己価値感）が形成されていれば、人の目を気にしながらも、自分に軸足を置くことができます。劣っている点は、そのままに受け入れることができます。

ところが、しっかりとした自己価値感が形成されていなかった人は、人の目に映る自分に翻弄《ほんろう》されます。自分が劣っていることが、あからさまにならないように必死になるとか、自分が傷つかないように、あれこれと防御策をとるなどします。

ほかの人の目を強く意識すると、必然的に自分と他者との違いに敏感になります。そのために、自分は異質だという感覚を強めることがあります。このような人は「普通と違ってはいけない」という思いにとらわれ、過度に周囲を気にするようになります。

思春期には第2次性徴と呼ばれる身体的変化が生じ、女子は月経が始まり、男子は精通が始まります。性的イメージを抱いたり、マスターベーションをするなど秘密を持つようにもなります。**このため、自分を人目にさらすことや、内面を知られることに、羞恥《しゅうち》、不安、怖れを感じるようになります。**

このように、とりわけ思春期に、人目を気にすることに関係する心理特性が形成され、さらには強化されるのです。

6 トラウマがもたらす「気にしい」

何気ない一言が「気にしい」傾向をもたらす

「小学生のとき、先生から『あなたの目は怖い』と言われて、自分の視線や他人の視線が気になるようになりました」

「夏のあるとき、『体臭がある』と友だちに指摘されました。自分ではそれまで気にしていなかったのですが、それ以来、冬でも消臭剤をつけないと外出できません。」

「拒食症になったのは、父親から『お前も自分の身体、少しは気にしたら?』と言われたことがきっかけでした」

ただし、本人がこのように話しても、必ずしもそれが「気にしい」になった原因ではありません。多くの場合、それは誘因にすぎないのです。

人間の心は、そんなに単純ではなく、真の原因はそれまでに形成された自我にあります。

このために、同じ経験をしても影響を受ける人と受けない人がいるのです。

いじめがきっかけで「気にしい」に

「それまでの私は、活発で、自由に発言し、クラスのリーダー的存在でした。でも、あるとき、仲良しだった子の意見に強く反対して孤立したことがあります。その子は、まわりの子を集めて私を無視するようになり、半年ほどとてもつらかったです。それからは友だちの顔色を気にして本音が言えず、相手に迎合するようになってしまいました」

失敗や恥ずかしい体験から「気にしい」に

「小学校のとき、学校でおもらしをしたことがあって、ずいぶんからかわれました。そのためでしょうか、しょっちゅう尿意が気になり、頻繁にトイレに行きます」

「クラブの合宿でイスとりゲームをしたとき、生理のためにイスを汚したことがあって、いつも腰のまわりを気にする癖がつきました」

「プレゼンの内容に間違いがあって、大勢の前で上司からひどく叱られました。それがトラウマになり、人前で発表しなければ、と考えただけで過呼吸気味になります」

恐怖体験がきっかけになることも……

「エレベーターの中で男の人に怖い思いをさせられたことがあって、それ以来、エレベーターに乗るとき、男の人と一緒にならないように気を使っています」

「駅から自宅へ歩いていたら、後ろからきた男の人に突然腕をつかまれました。びっくりして思わず『キャッ!』と声が出ました。少し離れたところに何人か人がいたので、その人は逃げていきました。だからケガもなかったのですが、それからは歩いているとき、周りの人をいつも気にかけるようになりました」

第3章

「気にしい」の深層心理を解き明かす

1 外からの刺激に対する心のあり方

「気にしい」の本質は、外界に脅威《きょうい》を感じる心理にあります。自分の心と照らし合わせながら読むことで、自分をより深く理解するヒントにしてください。

単に「過敏だ」というだけではない

近年、些細なことを気にする人は、生得的に敏感な神経を持っているという考えが広まっています。これには、先に述べたアーロンが提唱したＨＳＰ（Highly Sensitive Person　＝ひどく敏感な人）という概念が、一役買っています。

アーロンは「他の人たちとＨＳＰとの主な違いは、微妙な刺激を感知する繊細さにある」（冨田香里訳『ささいなことにもすぐに「動揺」してしまうあなたへ。』ＳＢ文庫）と考えています。

たとえば、ＨＳＰは、他者の表情の微細な変化、相手とのあいだに一瞬流れた感情の食い違い、いつもと微妙に違う相手の対応など、ほかの人なら気づかないことに気づいてしまうために、感情が乱されやすいというのです。

しかし、鋭い感受性を備えていれば、相手に浮かんだかすかな喜びの表情、共感が通い合った瞬間、他者が醸《かも》し出す好意の雰囲気など、そうしたことへの感受性も高いはずです。そうであれば、高度な感受性は、心を乱すだけでなく、心を落ち着かせる作用も果たすことになります。

このように考えると、ＨＳＰの敏感さとは、刺激一般への敏感さではなく、心を乱されるような刺激に偏向した敏感さと言えます。すなわち「気にしい」の特性は、単に刺激への過敏さに帰せられるものではなく、刺激の特定の側面に焦点を合わせてしまう自我の問題としてとらえるべきなのです。

心の底にある外界への不安

それでは「気にしい」な人の自我には、どのような特徴があるでしょうか。共通するのは、外界を自分にとって脅威ととらえる心性です。

筆者は、中学生を対象に、クラスメートや大人をどのような枠組みで見ているかを調べたことがあります。

多くの子どもは、多様な枠組みでとらえていましたが、孤立している子や嫌われがちな子は、もっぱら「こわい―こわくない」という軸でとらえていました。すなわち、心の中の恐怖・不安という眼鏡を通して、まわりの人を見ていたのです。

これと同様に、気にしすぎる人も、不安に彩られた心で外界に接しています。この不安の中核は、心が傷つくことへの恐れです。

「気にしい」な人は心が傷つきやすいので、評価されることに不安を感じ、他者から拒絶されることに不安を感じ、外界と接するときに不安に襲われるのです。

2 傷つくことへの不安が背景に

揺らぎやすい「自己価値感」が原因

「気にしい」な人の心は傷つきやすいのですが、それは自分に価値があるという感覚が揺るがされやすいからです。私たちは、次のような場面で傷つきます。

・大勢の前で上司に叱責された
・無責任などと人格面を非難された
・みんなができたことを自分はできなかった
・業績評価が低かった
・いじめられた
・信じている人に裏切られた

・劣等感など触れてほしくないことを暴露された
・自分だけ軽く扱われた

これらは、いずれも「自分に価値がある」という感覚が、ダメージを受ける場面です。このことからわかるように、心が傷つくとは、自己価値感が脅かされて、揺らいでしまうことなのです。

「気にしい」の人が傷つきやすいのは、確固とした自己価値感が獲得できていないためなのです。

「気にしい」は自己価値感を守ろうとする心理

「気にしい」の人は、ほかの人から「気にしすぎ」とか「考えすぎ」と言われますし、自分でもそう思っています。では、何を気にして、何を考えているのかと言えば、**傷つくことを気にして、どうすれば傷つかないで済むかを考えているのです。**

私たちには、自分に価値があると実感したいし、自分の価値を保持して高めたい強い欲求があります。このために努力をするのであり、愛情関係を求めるのです。愛されることほど、自分の存在価値を実感させてくれるものはありませんから。

自己価値感への欲求は、人間にとって基本的なものであり、ときには自らの命と引き換えにするほどの重みをもちます。

たとえば、いじめられて自殺するほどつらいのに、そのことを親に言わない子どもがいます。言ったら、親にさえ「情けない自分」の姿が、あからさまになってしまうからです。自分の無価値さを確認させられることになり、耐えられないからです。

親からひどい虐待を受けている幼い子どもは、親をかばいます。これは「親にさえ愛されていない自分」という事実がもたらす無価値感に耐えられないからです。

このように自己価値感への欲求は強いので、私たちはそれが貶《おとし》められないように意識的・無意識的に防御しています。

防御のためには、自己価値感を脅かす恐れのある刺激に敏感にならざるを得ません。これが必要以上に過敏になり、些細なことを気にしてしまう姿として表れるのです。

3 自分への評価を過剰なまでに気にする

いつでもどこでも評価されている？

「気にしい」の人は、いつでも、どこでも自分が評価されていると感じています。単なる雑談をしているときでさえ身構えてしまうのです。

また、友だちからのメールに返信するときにも、それを読んだ相手がどう思うかを気にします。さらには、評価が気になって、なかなかレポートを提出できません。ついには、外出すれば、周囲の人たちから服装や行動が評価されていると感じます。

まるで、毎日が面接の試験日であるかのようです。

評価を求める努力が行きすぎてしまうと……

他者からの評価を過度に意識するのは、それによって自己価値感が大きく揺れ動くからです。人は自己価値感を守り、高めようとして評価・称賛を求めますが、自己価値感が希薄《きはく》だと、この努力が行きすぎることがあります。

それは、たとえば自己喪失として表れます。自分の快適さを犠牲にして、もっぱら相手の心地よさに献身《けんしん》するとか、自分の健康を犠牲にしてまで仕事に邁進《まいしん》するなどです。

完璧主義もまた、こうした心理につながっています。自分がマイナス評価を受けることは、自分自身、許せないという硬直した心理状態です。

ただし、プラスの評価を得る自信がない場合には、評価・称賛を求める欲求が屈折した形で表れることがあります。能力があからさまになる事態から逃げてしまうとか、競争から降りてしまうなどです。

奇矯《ききょう》な行動でクラスの注目を浴びようとする子どもに見られるように、まったく異質な行動で称賛をえようとすることもあります。

4 「嫌われたくない」という不安が強すぎる

「基底不安」から愛着を求める

赤ん坊は、生まれたときから愛着の対象を求めています。それは、赤ん坊が生存し、安心を得るために不可欠のことだからです。

幼い子どもは、自分に関心を向けてほしい、自分を受け入れてほしい、心地よい気持ちで接してほしいという、母親に対する本能的な欲求を持っています。

この欲求が満たされると、子どもは愛されていると実感し、母親が安心を与えてくれる存在となります。この安心感をもとに、自由に自分を外界へ表出することで、健全な自我を発達させていくのです。

ところが、この愛着欲求が満たされないと、米国の精神分析学者アンナ・ホーナイが「基底不安」と呼んだ恐ろしい不安にさいなまれることになります。

基底不安とは、恐ろしいこの世界に、守ってくれる人も、頼れる人もなく、たった一人でいるという無力な子どもの不安と言えます。養育者が完璧な世話をすることなど不可能なので、多かれ少なかれ、私たちはこの不安を心に抱えながら生きています。

しかし、この不安が強すぎると、愛着を得る努力が自我発達の主要なテーマになってしまいます。

すなわち、自分自身を生きるのではなく、親に関心を向けてもらうこと、受け入れてもらうこと、喜んでもらうこと、心地よい感情を維持してもらうことが、子どもの心と行動を導く主要なルールになってしまうのです。

そして、これが容易にできるためには、「自分」が弱体化しているほうが好都合です。このために、自分は無価値で無力であるという意識を強めます。すると、外界に対する恐怖・不安がいっそう増していきます。

この外界への恐怖・不安から逃れようと、周囲の人に対して、強迫的に愛着欲求を向けるようになります。受け入れてもらえないことや、拒絶されることを、必要以上に恐れ、誰からも好かれようと必死になります。

安全と安心を求めて――四つの道

基底不安を抱える子どもは、安全と安心を求めて自我をつくっていきますが、その方法として、以下四つの道があります。

一つ目は〝いい子〟になる道です。

いい子であれば、受け入れられ、愛され、守ってもらえます。このために自分を抑えて、親の意向に添うように自分をつくることになります。この道の行き先については、次項で述べます。

二つ目は、優秀であろうとする道です。

優秀であれば、非難を免れるだけでなく、称賛され、歓迎され、受け入れられるので安全であり安心です。この選択をすると、人よりすぐれることをめざして努力し、潜在能力を十分に発揮する場合があります。しかし、優秀さを求める努力は、挫折《ざせつ》する危険を含んでいます。

三つ目は、強くなることで安全と安心を得る道です。

強くなれば攻撃されませんし、傷つけられることがありません。この方向で自我をつくっていくと、独立性や自立性が顕著《けんちょ》になることがあります。場合によっては、攻撃的性格や反抗的性格になることもあります。

また、感受性を鈍麻《どんま》させることで、強さを得ようとすることもあります。これならば、実際に自分が強さや優秀さを示せなくても、心が傷つくことはありませんから。

四つ目は、孤立することで安全と安心を得る道です。

この世界が怖いなら、世界と接触を断てば、心やすらかにいることができます。この方向で自我をつくった人は、孤独を好み、人と交流しても表面的接触にとどめます。実際に外界と接触を断ってしまう引きこもりは、この典型です。

〝いい子〟がもたらすもの

いい子になることで、安心と安全を得ようとする傾向が強すぎると、いわゆる「いい子症候群」といわれる状態になります。
これには、以下のような症例があげられます。

【自分を喪失してしまう】

自分の感覚、感情、欲求、願望よりも、親の意向、期待、願望、機嫌を優先してきたので、自分という感覚が希薄になります。**このために、自分が好きなこと、自分がしたいことがわからず、自分で判断すること、自分で決断することに困難を感じます。**

また、親の承認を得る手段であったものが、いつの間にかその人の人生目標になっていることがあります。こうなると、いくら成功しても、充実感を持てません。

【親のために自分を無力化する】

親は、子どもが、無力で、従順で、自分に依存してくることを、無意識のうちに歓迎してしまいます。子どもが反抗や自己主張すると、親は「かわいげがない」「子どもらしくない」「強情だ」などと叱り、服従を強制するのです。

このために、無力さと幼さで、親の心に食い込もうとする子どもの心理が形成されます。大人になっても、少なくない人が、親の前では無意識のうちに子どもを演じているのはこのためです。

無力化が強すぎると、自立すべき時期になって、困難を感じることになります。

【罪責感が強まり過剰な責任を負う】

罪責感の起源は、客観的な善悪の判断ではなく、親を満足させられないこと、親の機嫌を損ねることです。ですから「いい子志向」が強い人ほど、罪責感が強くなります。

親が子どもの感情に責任を負うべきなのに、罪責感が強いと、逆に子どもが親の感情を引き受けてしまいます。

この心性は、他者一般へと広がり、相手の機嫌が悪いと「私のせい」と、感じるようになります。強すぎる罪責感は、過剰な責任感につながるのです。責任を持つ必要がない場面でも、責任を引き受ける傾向があります。

また、罪責感は過去にも及び、「◯◯しなかった私が悪い」と、不必要に自分を責めるようになります。

道徳心も強まり、心と行動を拘束します。そのため、たとえば、車がまったく通らないので、ほかの人は赤信号でもどんどん渡っていくのに、自分だけはとり残されてしまう、というような状況を体験します。

【自我が分裂して外界を憎む】

いい子になることは、自分の感情や衝動、欲求、願望をないがしろにして、外界に受け入れられる自分をつくることです。このために、外界に表出する「偽の自分」と、内面に秘めた「本当の自分」がいるという感覚が強くなります。

「本当の自分」には、外界に対する怒りや憎しみが含まれます。なぜなら、外界は自然な自分を抑えつける存在だからです。

また、思春期になれば、性的秘密も加わるので「本当の自分」を知られることを恐れ、外界への警戒を強めるようになります。

5 外界への不安があらゆる形で表出

子ども時代の無力感を引きずっている

気にしすぎる人の心には、外界への不信感があります。外界が自分を歓迎してくれるという確信が持てないために、外界に警戒的な気配りをするのです。

これは、基本的には親の顔色をうかがっていた子どものころに、身についた姿勢と言えます。ですから、権威ある人、上司、年長者、大柄な人など、親との関係を連想させる人の前で、とりわけ無力感、圧迫感を覚えます。

もちろん、親との関係だけではありません。何らかの理由で、大人としての自信が獲得できなかったためでもあります。

子ども時代を思い出してみてください。小学校低学年のときには、5年生や6年生でさえ、どんなに強大に見えたことか。しかし、思春期から青年期になると、知的にも体力的にも急速に成長し、自分の力を実感します。それが「この世界で自立してやっていける」という自信になるのです。

この自信を獲得できないと、子どものころの無力なままに、世界に放り出されているような頼りなさを感じるのです。

気にしすぎの裏には「尊大な自己中心性」がある

「気にしい」の人は、自分を監視する存在として他者を意識しています。そのため、自分が他者によって翻弄されていると感じます。他者は堅固《けんご》で強く、翻弄される自分は繊細《せんさい》で、か弱い存在と感じます。

しかし、**この感じ方は、本人の主観的な思い込みとは逆に、じつは尊大な心があってのものです。**なぜなら、「ほかの人は、みんな私に注目している」と自分を中心にとらえているからですし、「私はいつでも人から注目される存在だ」と思い込んでいるからです。

実際、尊大な心を反映して、気にしすぎる人は根拠なく（人によっては部分的な根拠に支えられて）「自分が特別な（すぐれた）存在である」という意識を持っていることが少なくありません。

しかし、心の底では自信がないので、優越感と劣等感とのあいだを、大きく揺れ動くことになります。

「気にしい」に恥ずかしがりや潔癖症が多い理由

親の批判から自分を守ろうとすることで、自我を形成する程度が大きいほど、心の全体的なあり方が防衛的《ぼうえいてき》になります。この防衛的態度によって、率直で親密な関係を持てず、外界は脅威に満ちたものにとどまります。

なぜなら、相手と親密になればなるほど、自然に相手を好意的に受け止めるようになるからです。

たとえば、隣の家族と親密であれば、その家のピアノの音や生活音は気になりません。ところが、その家族と疎遠だと、耳障りで悪意によるものと感じられます。

また「気にしい」の人は、恥ずかしがりであることが多いのですが、これも他者不信と関係しています。幼い子どもは、知らない人が来ると恥ずかしがって、親のうしろに隠れたり、そっと顔をのぞかせたりします。

これに見られるように、恥ずかしがるという行為は、「認めてもらいたい」という欲求がありながら、「認めてもらえないかもしれない、怖いかもしれない」という他者への疑惑を含む行為なのです。

外界への不信は、他者にとどまらず、文字通り外界全体への疑惑でもあります。

外の世界は、自分を脅し、困らせ、傷つけるかのように感じられます。雨や寒さは、自然が自分に意地悪しているのであり、電車やバスの遅れは、自分を困らせるためだと思ってしまうのです。

潔癖症もまた、外界への疑惑が基礎にあります。外界が自分を汚すので、頻繁に除菌し、消臭するのです。誰が触れたかわからないので、電車のつり革につかまることができないとか、仲間でつつきあう鍋料理が食べられないなども、外界や他者への不信の表れです。

第4章

「気にしい」を活かして自分らしく生きる

1 「気にしい」は生きていく上で必要な能力

「気にしい」の性格には、多くの長所があります。そのため、**「気にしい」をなおすことに執着しすぎると、かえって逆効果になることがあります。**

ですから、気にしすぎる自分を受け入れ、その長所を活かすことを考えましょう。

おおざっぱなほうがいい？

細かいことが気になり、くよくよしてしまう性格の人は、大雑把な人をうらやましく思います。たしかに、あっけらかんとした人のほうが、気楽に生きられるし、大胆な行動ができるでしょう。

実際、会社ではこのタイプが評価され、ある程度までは出世します。しかし、これが成功するとは限りません。むしろ、細かいことを気にする慎重派のほうが、最終的には成功を収める確率が高いように思われます。

歴史を見れば、大雑把な性格の信長は、大胆に次の時代を切り開く先駆者になりました。しかし結局、天下を取ったのは慎重派の家康でした。

バブル期でも、大胆な投資をおこなった経営者は、バブル崩壊で大きな損害をこうむり、懐疑的で慎重派の経営者ほど、結果的に痛手を受けずに切り抜けられました。

私自身も、バブル期に忘れられない体験があります。買ったマンションがバブルで5倍の価格になり、異常な事態としか思えませんでした。それで売ったのですが、買った人は投資用だったそうで、ほかにも買いまくっているとのことで自信満々でした。

ところが、そのときの価格が最高値で、現在の価格は当時の10分の1にまで下落しています。彼はその後どうなったかと、ひそかに心配しています。

大雑把なほうが、有利な仕事はあるでしょうか。俗にガテン系といわれる肉体労働は、大雑把な人に向いているように思えます。

しかし、たとえば家を建てるにも、きちんと設計図に従っていなければ困ることになります。大型トラックを運転するにしても、慎重に周囲に気を配って運転しなければ、事故を起こす確率が高くなります。

営業職では、たしかにクヨクヨしない大雑把な性格のほうが、ある程度は有利に働けるでしょう。断られても「ま、いいさ。次の客で契約とれるようがんばろう！」と、落ち込まずに気持ちを切り替えられるからです。

しかし、大雑把なセールスマンは、最初は歓迎されても、細やかな配慮には欠けるので、やがて不信感を持たれることがあります。長い目で見れば、顧客に配慮して細やかな対応をする人のほうが信頼され、実績を上げることができるはずです。

「気にしい」のほうが絶対いい！

大雑把な人は、その性格のために困っていることが少なくありません。ほかの人に迷惑をかけることも少なからずあります。

・メールの送り先を間違えた。
・添付ファイルをつけないで、メールを送ってしまった。
・見積書の数値が間違っていた。

・会議があるのを忘れた。
・大事な資料を紛失した。

このように後悔することが多いのです。

ですから「仕事の相棒が気にしすぎる人と、大雑把な人では、どちらがいいですか」と問えば、多くの人は「気軽につき合うのは、大雑把な人のほうがいい。でも、仕事なら絶対、気にしすぎるほうがいい」と答えます。

「気にしい」は、社会生活に必要な能力です。問題はそれが行きすぎることですが、気にしすぎるか、そうでないかの客観的基準など、じつは存在しません。**自分が「気にしい」だという人は、自分でそう思い込んでいるだけかもしれません。**

試しに、まわりの人に聞いてみてください。意外に多くの人が「私、けっこう気にしいタイプ」と答えます。むしろ大胆と思える人でも、そう答えることがあります。

多くの人が、内心では、いろいろと気をつかっているものなのです。

2 「気にしい」の長所はたくさんある！

まわりに配慮できて献身的

「気にしい」の人は、それによって苦しんでいても、多くの長所を持っています。

たとえば、無意識のうちに周囲に気配りをしています。自分の気持ちよりも、相手の気持ちを優先する姿勢が身についているためです。そのために「いい人だね」と評価されることが少なくありません。

人間観察能力と共感力が高い

関心が他者の内面に向けられるので、人間観察能力にすぐれていることも珍しくありません。さらに、自分自身を弱者と感じることが多いので、弱い人に共感するやさしさがあります。

粘り強く物事にとり組み仕事も丁寧

気にしすぎる人の多くは、外交的で才気煥発《さいきかんぱつ》というよりも、内向的で粘り強く物事にとり組む姿勢が目立ちます。このために、几帳面で仕事が丁寧という長所を持っています。

真面目で責任感が強い

「気にしい」の人は、基本的に真面目な性格の人です。律儀で、良心的で、不正ができません。もし、そうした行為をしてしまうと、いつまでも悔やむことになります。この特性は、仕事では責任感の強さとなって表れます。

考え深く内面が豊か

「気にしすぎ」「考えすぎ」と評されるように、筋肉活動よりも精神活動が活発なタイプが多いのも「気にしい」の人の特徴です。行動よりも考えることが優勢で、あれこれ想像し、先読みします。感受性も鋭いので、感情活動も活発です。

また、内省能力が高く、自分自身の心の動きに敏感です。

「気にしい」の人の関心は、狭い範囲にとどまる傾向があります。

そのために、ほかの人がしゃべる話題に入っていけず、「自分が空っぽ」という思いを持っていることがあります。

外交的な人同士の会話と、内向的な人同士の会話を比較した研究では、外交的同士ではいろんな話題を広く浅く話すのに対し、内向的同士では少数の話題を深いレベルで会話するということが明らかになっています。

気にしすぎる人の内面の豊かさは、深さにあるのです。

3 「気にしい」の特性を仕事に活かす

現在は仕事に「緻密さ」が必要

現在の仕事は、ますます細部まで気をつけなければならない傾向が強まっています。プログラマーやシステムエンジニアは、ほんの一字一行をミスするだけで、プログラムが誤作動したり、システムが機能しなかったりします。また、ドライバーも、ちょっとした不注意で死亡事故を起こす危険があります。

生活を支える多くの精密機器は、緻密な設計と緻密な作業の積み重ねによってつくられているのです。

献身的な仕事はとくに最適

「気にしい」の人が持つ配慮と献身性という長所は、人を対象にした仕事への適性になります。子どもや老人、病人を甲斐甲斐しく世話する保育士、介護士、看護師、あるいは教師などです。また「おもてなし」精神にもつながるので、接客業でも活かせます。

「量より質」で勝負しよう

「気にしい」の人は手堅い仕事をするので、時間あたりの仕事量は必ずしも多くありません。このために、仕事の量より質で勝負することに向いています。

ただし、実社会では質より量で評価されがちなので、この点で不利なことは間違いありません。しかし、着実に質の高い仕事を続けていけば、高い評価もついてきます。

気にしすぎる人は、内向的で自分を宣伝することに尻込みしがちです。しかし、相応の評価を得るために、自己アピール力をつける努力を心がけたほうがいいでしょう。

創造性・ユニークさが求められる仕事に

「気にしい」の人は、繊細な感受性を持ち、孤独を好む傾向があります。その孤独の中で、独自の思考やイメージを育てる人が少なくありません。

芸術家とは、まさにこれを全面的に実行する人ですが、いかなる仕事にも創造性が求められ、創造性を発揮できる余地があります。たとえば、次のような視点で仕事に取り組めば、仕事とは創造性を活かす場面の連続であることがわかります。

- 作業をいっそう効率化するには？
- 現在の作業体制の問題点とその解決策は？
- 商品の展示をより魅力的にするには？
- より説得的な論理展開は？

創造性の発揮を妨げる最大の要因は自己抑制です。自分で批判しないこと、自分でダメだと判断しないことが大事です。また、ほかの人の評価を気にしすぎると、ユニークさがそぎ落とされます。自分の創造性やユニークさを信じましょう。

集団を維持するリーダーは「気にしい」向き

集団活動よりも個人作業を好みがちな「気にしい」の人は、自分が先頭に立ってやるよりも陰で支えるほうに回りがちです。しかし、決してリーダーとして不適格というわけではありません。

九州大学の三隅二不二《みすみじふじ》氏は、リーダーが有効に働くためには、P（目標達成）機能とM（集団維持）機能の両者が必要であることを明らかにしました。

P機能とは、指示や叱咤《しった》などをして、集団目標達成に向けて発揮されるリーダーシップです。M機能とは、メンバーを支え、人間関係を調整し、チームワークを強めることなどに発揮されるリーダーシップです。

小さい集団では、一人のリーダーが両方の機能を担いますが、少しグループが大きくなると、機能分担したほうが有効になります。

ある競技の日本代表チームのヘッドコーチは、猛練習を強いる鬼コーチとして有名で、実際それで実績を収めています。しかし、その厳しさのために、選手は自信をなくしたり、チームワークにほころびが生じたりしますが、もう一人のコーチがM機能を果たすことで好成績につなげているのです。

「気にしい」の人は、M機能を果たすリーダーの役、あるいはリーダーの補佐役で大きな力を発揮することができます。

4 「気にしい」との向き合い方

つらい場面から逃げない

自分の「気にしい」な性質に、どのように向き合えばいいのでしょう。その基本姿勢は、逃げないことです。

たとえば、社交が苦手だと、そうした場から意識的・無意識的に逃げていることが少なくありません。飲み会に誘われたとき、理由をつけて断ってしまうとか、同僚と帰りの電車が一緒にならないように、退社時間をずらすなどです。

そうしたせいで不利益をこうむることもありますし、何よりも自分が苦しみます。ですから**「いまのままでいい」と甘えずに、自己変革の努力をするほうが賢明です。**

とりわけ、若い人はこれから長い社会生活を送っていくのですから、ぜひ自己変革に取り組むべきです。自分が変わるためには、以下の二つのことが必要です。

まず【場面に慣れること】です。つらい場面でも繰り返し体験することで、少しずつ楽にいられるようになります。

次に【対処スキルを習得すること】です。スポーツでも、ゲームでも、練習することで上手になります。それは、練習によりスキルが上達するからです。

「気にしい」への対処スキルも同じです。繰り返し練習することで、上手に対処できるようになります。回避行動を続けている限り、気にしすぎる自分を変えることはできません。「逃げずにぶつかる」をモットーに、つらい場面でも立ち向かいましょう。

がんばってなおそうとしない

逃げないことが原則ですが、同時に「気にしい」をあまりがんばってなおそうとしないほうが賢明です。とりわけ、性格そのものをなおそうとしないことです。「気にしないようにしよう」「考えすぎないようにしよう」「精神的に強くなろう」などと決意してがんばっても、なおるものではありません。

傷口をいじればいじるほど、なおりが遅くなるのと同様に、なおそうとしてがんばると、かえって逆効果になることさえあります。

すでに述べたように、性格とは持って生まれた素質と、これまでの生育過程の体験の積み重ねによるものです。もし、それを根本的に変えようとしたら、これまでにつくり上げられた自分そのものを否定することになり、莫大なエネルギーを費やして、疲れてしまうこと請け合いです。

ですから、がんばって無理になおそうとしないことです。放っておいてもなおることがありますし、歳を重ねれば、それだけでつらさが軽減していきますから。

「なおす」より「修正し、活かす」

「気にしい」の修正にとり組むには、ダイレクトに性格を変えることを目標とするのではなく、以下の2点を目指すのが賢明です。
まず**【つらい気持ちを楽にすること】**です。「もっとリラックスして生きられればいいな」というのが、考えすぎる人の率直な気持ちです。考えすぎには、第3章に述べたような「心のあり方」に原因があります。つまり、それを修正すれば、つらい気持ちが減って、よりリラックスできるようになるのです。

気にしすぎる性格が、周囲の人に害を与えているようなことは、ほとんどありません。「気にしい」で困るのは、自分がつらいということ、ほぼこの点だけです。ですから、つらい気持ちが減っていけば、きっと性格を変える必要など感じなくなります。

次に**【不都合な行動を修正し、長所を活かすこと】**です。考えすぎて優柔不断であるとか、気をつかいすぎて自分を抑えてしまうとか、あるいは、不安で何度も確認しないと気が済まないなど、自分が困っている行動の軽減や修正を目指します。

完全に修正できなくても、そのまま長所を活かすことを心がけるようにします。まわりに気をつかいすぎるのであれば、それを周囲の人への細やかな配慮として表現するように努めましょう。**確認強迫的な傾向があれば、「何度も確認しているから絶対に大丈夫！」などと安心につなげるようにします。**

この2点を追求していけば、気にしいな性格をなおす必要など感じなくなりますし、いつの間にか「気にしい」な性格も変わっていきます。

第5章

「もやもや」が消える心の持ち方

1
「自己チュー」を捨てれば人目も気にならない

考えすぎたり、気にしすぎたりするのは、特定の見方や思い込みにとらわれているためです。そうした見方を変えたり、思い込みを捨てると、ストレスが減り、気持ちが楽になります。

人目が気になってつらい

Aさんは、外出すると人の目が気になって、自分のやりたいことができません。

バスに乗れば、先に乗っている人の目に圧迫されて、とにかく手近の席に座ってしまい、降りるまで背中に視線を感じています。

「いいな」と思うファッションを見つけても、「あなたの体形じゃ、似合わないですよ」と店員さんに笑われそうで、店に入ることができません。

一人のときは、とくに外食が苦痛です。一人でレストランに入ると、孤独な人と思われるようで……。それで、がんばって入るときはファースト・フード。それもできないで昼食抜きにしてしまうこともあります。

「尊大な自己中心性」を自覚する

人目を気にする人は、自分では謙遜《けんそん》しているつもりでも、実際には尊大な気持ちになっています。なぜなら、「みんなが私に注目している」と思っているのですから、それほど自分を重要人物だと思っているのですから、あたかも、自分が世界の中心であるかのように思い込んでいるのですから……。

私は、これを「尊大な自己中心性」と呼びます。ある女子学生は、私が授業で配布した資料を読んで、次のように書いてくれました。

資料を読んで最も印象的だったのは「自意識過剰は尊大な自己中心性」という言葉でした。いままで、私は他者の視線を気にしてしまい、生きづらいかわいそうな自分と感じていて、自己中心的な人間だと感じたことはありませんでした。

この資料を読んで、「そうか、そういう考え方があるのか」「そんなふうに周囲の人は思っているのか」と気づかされ、少し恥ずかしい気持ちになっています。

「私は雨女」などと言う人もいます。これも、本人の思いとは裏腹に、尊大な自己中心性にほかなりません。なにしろ、自分は天候さえ支配できると思っているのですから。

人の目が気になるのは、尊大な自己中心性によるのです。

これを捨ててしまえば、人目が気になることはありません。そのためには、まず自分の尊大な自己中心性を自覚することです。

人はみんな、自分のことで忙しい

人はそれぞれ自分のことで忙しく、関心はもっぱら自分のことに向いています。

私たちは、自分が失敗したことや恥をかいたことを次々と思い出せますが、ほかの人の失敗や恥ずかしい出来事は、ほんの少ししか思い出せません。ほかの人に対しては、自分に対するほど関心がないからです。

それは、誰もが同じです。人はみんな、それぞれ自分の生活があり、あなたが気にするほどあなたに気を留めているはずがないのです。

また、ほかの人は無数にいて、それぞれお互いに注目の対象となるのですから、「あなただけに注目している」ことなどあり得ません。

いちばん、あなたを気にしている人は、あなた自身です。あなたほど、あなたを気にしている人はどこにもいません。

さらに言えば、ほかの人から見られても、何も困ることはありません。恥ずかしいことが起きても、身体的苦痛や傷害を受けるわけではなく、恥ずかしさには何の実害もないのです。自分で勝手に傷ついて、勝手に心に重荷を抱えているだけなのです。

このことをしっかりと頭に入れておくと、過剰な自意識を抜け出す助けになります。

人目の呪縛から抜け出すセルフトーク

尊大な自意識のつらさから抜け出すためには、セルフトーク法が簡単に使えて、役立ちます。たとえば、次のような言葉を自分に対して話しかけるのです。

「尊大な自己中心性は捨てよう！」
「人はみんな、自分のことで忙しい」
「見られても何も困ることはない」
「気にするだけ損、損！」

これ以外でも、自分の好きな言葉で結構です。ばかばかしいと思わず、試しにやってみてください。意外に役立つことが実感できるはずです。

いまでは、多くのスポーツ選手がセルフトーク法を用いています。

じつは私たちも、ふだん意識せずに日常生活で使っています。たとえば、あきらめようとするときには「まあ、しょうがないな」と口に出していますし、自分を奮い立たせようとするときには「よし、がんばろう！」などと言います。

これを意識的におこなうことで、心と行動を意図する方向に向けるのがセルフトーク法なのです。

2 人前で話すのが楽になる発想の切り替え

人前でプレゼンテーションしなければならないとき、「失敗したらどうしよう」「質問にうまく答えられないのではないか」「レベルが低いと思われるかもしれない」など、いろいろなことを考えてしまい、気持ちがつらくなります。

そして実際、いざ、その場になると、口が乾き、声が震え、心臓はバクバク、膝ががくがく……。あるいは頭に血が上って、ひどく混乱してしまいます。

本来の目的に集中すること

人前でのプレゼンが苦痛なのは、失敗したり、低い評価を受けることで傷つくことから、自我を護ろうとする意識が働いているためです。**プレゼン本来の目的をないがしろにして、傷つくのを避けることを主な目標にしてしまっているのです。**

プレゼンするときは、たしかに評価されることを避けられないでしょう。
しかし、評価される場だという思いが強すぎると、過度のプレッシャーになり、自分の力を発揮できません。失敗は絶対に許されないという気持ちが強くなり、発表後もうまくいかなかった点ばかりが気になることになります。

本来、プレゼンテーションの目的は、伝えるべき内容を聞き手にわかりやすく説明することです。この目的を確認して、この目的遂行にだけ注意を集中するようにします。すると、どのように話の展開を組み立てればいいのか、どのような資料や図表を提示すればいいのか、という建設的な方向へと気持ちが向きます。自己防衛したり、ましてや自分を誇示しようとする意識から抜け出ることができるはずです。

仕事のことで上司に報告しなければならないときであれば、「落ち度を指摘されるのではないか」「叱られるのではないか」ということばかり考えてしまうから、ストレスになるのです。

上司への報告の本来の目的は、「状況を正確に伝えて指示をあおぐ」ことです。自分のミスがあるときは叱られるかもしれませんが、それはそれとして、本来の目的を達成することに集中しましょう。そうすれば、叱られることは副次的なことになり、気持ちが軽くなります。

その場、そのときに、本来の目的を確認し、その遂行だけに意識を集中するように努めましょう。

役割に徹すれば平気でいられる

人前で緊張してしまう人も、役割で行動すればけっこう平気でいられます。

私のもとに、人間関係が苦痛ということで、相談に来ていた学生がいました。ウエイトレスのバイトが決まった際、最初はできるかどうかとても不安がっていました。ところが、実際にやってみたら接客は意外に楽にでき、むしろ、お客さんが途切れているときに、バイト仲間と話をするときのほうがプレッシャーだと言います。バイトとはいえ、ウエイトレスという役割で行動するときは、気持ちが楽だったのです。

本来の目的を確認すれば、自分がいかなる役割であるかがわかります。先の例で言えば、わかりやすく提示するプレゼンターという役割であり、上司に報告して指示をあおぐ部下としての役割です。この役割を果たすことに意識を集中すれば、楽な気持ちで目的を達成することができます。

また、相反する欲求があると、心の平穏は保てません。

たとえば、人前に立つのがとても苦痛なのに、目立ちたいという強い欲求を持つ場合です。そういうときは「目立たなくていい、ただ役割を果たせばいい。発表者（＝伝達者）という役割に徹しよう」と決意すると、心が落ち着いてきます。

「緊張するのは当たり前」と割り切る

人前でパフォーマンスするときは、慣れている人でも不安になり、緊張します。ですから、緊張するのは当たり前と割り切るようにします。

3歳から舞台に立っているベテランの歌舞伎俳優さんは、いまでも舞台の袖に立つと足がガクガクと震えるということでした。

歌手の和田アキ子さんが、ライブの出番を待つ様子をテレビで見たことがあります。そこには、いかにも強心臓のように見える彼女が、不安と緊張におびえる姿がありました。舞台を降りてからもしばらくのあいだ、目に見えるほど手が震えていました。

ほかにも、外国では3割ほどのミュージシャンが、舞台に立つ前に心を落ち着ける薬を飲んでいるという調査結果もあります。

このように、場慣れしている人でも緊張するのですから、私たちが不安になり緊張するのは当たり前のことなのです。

緊張したほうが得をすることも

緊張していることが知られても、何も困ることはありません。むしろ、自分を守ることにも役立っているのです。

というのは、人前で緊張する性質だと、「緊張したのでうまくいかなかったのだ」と自分で思えるし、ほかの人もそう思ってくれるからです。

事実、まったく平然とプレゼンテーションする人よりも、緊張で多少どぎまぎしながらプレゼンテーションする人の方が好意的に評価される、という報告があります。

圧倒的多数の人は、緊張している人に対して「落ち着いて、がんばって!」と、応援しながら見ているのであって、あざ笑ったり、バカにする人はごく稀《まれ》にしかいません。

「緊張してはいけない」と思うから、よけい緊張するのです。必要なのは、緊張しないことではないし、不安にならないことでもありません。緊張しても、不安であっても、自分の力を発揮できるようになることです。

緊張してもかまわないと割り切れば、持っている力を発揮できます。

プロたちの「入念な準備」に学ぶ

人前で楽にパフォーマンスしたいと思ったら、入念に準備をすることです。

かつて、世界的に活躍している60代のヴァイオリニストが、演奏会の前日は徹夜で練習してしまうことがある、と語っているのを聞いたことがあります。

また、ある女優さんは、ナレーションを依頼されると100回くらい練習すると、インタビューの中で語っていました。一流のスポーツ選手が緊張を強いられる試合で実力を出せるのも、厳しい練習の繰り返しによるものです。

話すべきポイントを明確にして、構成を考え、どのような文言で表現するのか、何度も推敲《すいこう》して、それが完成したら、繰り返し繰り返し練習するようにします。

プロの方々の取り組みを考えたら、10回や20回の練習など安易なものです。十分すぎるほどの準備と練習をすれば、「これなら大丈夫」という自信がわき、発表するのが楽しみという気持ちにさえなります。

暗記は不要。手紙にして読むと楽

友だちや同僚、部下から結婚式でのスピーチを求められる機会もあると思います。慶事でのお願いは断りにくいものです。

こうした場がつらいという人も、十分な準備をすることで楽に乗り切れます。

結婚式でのスピーチの目的は、二人への祝福の気持ちを伝えることです。このことを確認すれば、自分が緊張しているのをいかに隠すか、などということは問題にならないことがわかります。

「暗記して言わなければ」などと、こだわる必要もありません。祝辞を書いていって、**それを読み上げる形でスピーチすれば、楽な気持ちでできます。**

「あがってしまってお祝いの気持ちをうまく伝えられないので、お二人に贈る言葉を書いてきました」と、言って、読み始めればよいのです。

むしろ、わざわざ書く手間をとってくれたということで、会場全体が好意的に受け止めてくれます。

人前で話すのが楽になるセルフトーク

以上、人前で楽に話すための方法を述べました。

これらの方法を実行するのに役立つセルフトークの例をあげておきます。


「本来の目的は○○だ。本来の目的に集中しよう」

「本来の役割は○○だ。本来の役割に徹しよう」

「緊張するのは当たり前。緊張したってかまわない」

「十分に準備したから大丈夫」


そのほか自分で好きな言葉で結構です。何度も声に出すか、頭の中で繰り返してください。また、後述する自律訓練法をおこなってセルフトークすると一層効果的です。

3 誰といても「気にしい」に悩まなくなる

「雑談しているときでもいろいろ考えてしまい、自分のほうからしゃべることはほとんどありません。ですから、相手も無口だと無言が続いてしまって、とても苦痛です。会議には、始まる直前に入室するようにしています。そうすれば、雑談しなくて済みますから。昼食はいつもお弁当を持っていきます。誘われても断れますので」

自分に誠実でいれば、何の技巧もいらない

人と接するとき「あるがままの自分でいい」「あるがままの自分でいよう」と心がけると、気持ちが楽になります。「あるがまま」とは、自分を守ろうと身構えず、優秀さを誇示しようと気負わず、肩の力を抜いて、にこやかに笑みを浮かべている姿です。

相手に気をつかいすぎる人は、ありのままの自分を抑えて、無理した自分で接してい

るからストレスになるのです。人と楽に接するには、手の込んだ技巧は必要ありません。**むしろ、いままで身につけた技巧が邪魔していることが多いのです。**

人と接するのが苦痛な人は、自分を抑えて相手に気をつかうことが誠実だと思っています。でも、それは自分に誠実ではないし、相手に誠実でもありません。なぜなら、それは自分を偽っていることであり、それゆえに相手を欺《あざむ》いていることだからです。

ありのままの自分で接しようとすることは、相手にも自分にも誠実であろうとすることです。人間関係において、誠実さに勝る対人技術などあり得ません。誠実であることが、不安や緊張から解放され、人といることを楽しめる王道なのです。

「あるがままの自分」でいることが自信になる

あるがままの自分を出したら、嫌われてしまうのではないか、イヤがられるのではないか。そう心配するかもしれません。

しかし、そんなことはありません。ありのままのほうが、人は好意を持つものです。多少の欠点や未熟な面があろうと、素直に自分を出している人が好かれます。なぜなら、気をつかっている人には、周囲の人も気をつかって接しなければと身構えざるを得ないからです。

気をつかっている人は、「いい人」とか「信頼できる人」と称賛されますが、同時に気をつかって接しなければいけない「堅苦しい人」と評価されます。

あるがままの姿勢でいくと、本当の自信につながります。なぜなら「あるがまま」とは、自分自身を信頼するということだからです。「あるがままで受け入れられた」「あるがままで認められた」という体験は、あるがままの自分に価値があるという感覚をもたらし、自己信頼という全面的な自信につながります。

人の心は温かい

「人の心は温かい」という思いがあれば、ほかの人たちに囲まれていても、安心して、あるがままの自分でいることができます。人に過度に気をつかってしまうのは、他者を信じきれないためです。笑われるかもしれない、嫌われるかもしれない……そんな思いが強いから、気をつかわずにいられないのです。

思い出してみてください。あなたが何かで失敗したとき、落ち込んでいるとき、周囲の人はあざ笑いましたか？

むしろ「大丈夫？」と、声をかけてくれた人がいたはずです。さらに「がんばって」と、支えてくれた人だっていたはずです。

人に頼むのが苦痛だという人。ほかの人が頼んできたとき、あなたはむげに断りましたか？

その依頼が理不尽でもない限り、また自分が手一杯な場合を除き、「いいよ」と、頼みを聞いてあげたはずです。そして、そのことでむしろ喜びを感じたはずです。

あなたが喜んでほかの人にしてあげるように、ほかの人もまた、あなたのために何かしてあげることを喜ぶものです。あなたが弱さを見せても、多少の欠点があっても、受け入れ、歓迎してくれるものなのです。

「ほかの人も自分も同じ」と確信することは、人を信頼し、安心して心を開く支えになります。あなたは、パーティに参加したとき、「どうして、みんなのように楽しめないんだろう」とか、「どうして、私だけこうなってしまうのだろう」などと、「自分だけが異質である」と感じていないでしょうか？

でも、こうしたなじめなさの感覚や異質性の感覚は、多かれ少なかれ誰でも持っているものなのです。

隣の人に「私はこういう場が苦手で、気後れしてしまうんですよ」と言ってみてください。半数以上の人から「私もそうですよ」という答えが返ってくるはずです。楽しんでいるように見える人でも、おじけづく気持ちはあります。**それを乗り越えて積極的に話しかけていくことで、不安な心が解き放たれ、楽しめるようになるのです。**

人はそれぞれ違っている部分よりも、共通する部分のほうが多いものです。だからこそ、初めて会った人とでも交流できるし、まったく文化の異なる外国人とでも心を通じ合わせることができるのです。

自分の弱みが他人への不信感につながることも

私たちは自分の行動を正当化するために、ほかの人に不信感を持ってしまうことがあります。なぜなら、人は誰でも、自分を価値ある立派な人間であると信じたい欲求があるからです。このために、自分の価値を貶めるような行動をしてしまったとき、自分で自分の価値を貶めないために、ほかの人を責めるという心理が生じるのです。

たとえば、次のような例を考えてみましょう。

同僚のBさんは、担当の仕事が遅れていて、かなり残業しないと期日までに終わりそうにありません。小さな子どもを抱えているBさんに、長時間の残業は気の毒です。

このとき、自分がハードな仕事を抱えていても、可能な範囲でBさんを手伝えば、「小さい子どもを抱えて、Bさんもがんばっているんだ」と、同僚として共感し、信頼の絆が深まります。

ところが、Bさんを手伝わないと、手伝わない自分に負い目を感じて、負い目を埋めるための言い訳が必要になります。そこで、Bさんに「私だって、手いっぱい仕事を抱えているのだから、Bさんは大変でも自分でやるべきだ。そもそも、仕事を遅らせたBさんが悪い」と不信感をぶつけてしまうのです。

そして、自分の心に負担を負わせるBさんに対し、「小さい子どもがいるから甘えられると思っているBさん」ととらえ、不快感や不信感を持つのです。

日常的に、これに類似する心の動きが頻繁に起きています。

たとえば、おしゃれで陽気な同僚のCさん。Aさんは、自分と正反対の性格であるCさんを見ると、劣等感を刺激され、嫉妬心がわき、Cさんを素直に賞賛できません。

そうした心の言い訳をするために、「明るいCさん」ではなく「八方美人のCさん」と評価し、「おしゃれで素敵な服装」ではなく「派手で趣味の悪い服装」と、Cさんを貶めてしまいます。

このように、ほかの人への不信感や嫌悪感が、じつは自分の弱みに発していないかを冷静に省みてみることです。こうした見方ができると、周囲の人への素直な信頼感が広がっていきます。

逃げ腰が孤立状態を生んでしまう

社交場面で楽にいるためには、「逃げ腰にならない」ことが大事です。逃げ腰になるとは、弱気になることです。弱気になれば、外界は圧倒的な力を持って迫ってくるために、いっそうつらく感じられます。

逃げたい気持ちになり、あれこれ考えているときが、いちばんつらいものです。行動せずに考えているからつらいのです。頭だけで考えていると、つらさの感情が増幅されてしまいます。

さらに、逃げ腰は、つらい場面を現実に引き寄せてしまう作用があります。懇談会《こんだんかい》などで「早く抜け出したいな～」と思っていると、それが表情や態度に出て、「私に近づかないでオーラ」を醸し出してしまいます。それで、ほかの人は近づきがたく感じ、孤立状態になります。逃げ腰になるほど、居づらい場所になってしまうのです。

逃げ腰にならないようにするために、「自分から進んで、それをやっている」と思うようにすることです。たとえば、社交場面が苦手な人は、「仕方ないから出席する」とか「仕方ないから最後までいる」と暗黙のうちに受け身になっています。だから、強制されていると感じて気が重くなるのです。

そうではなく、「自分がしたいから」「楽しいから」自発的にしていると、考えを変えましょう。自発的にしていると思うと、脳のそれに対応した部位が活性化し、心も身体もその方向に動くようになります。

たとえば「楽しいからここにいる」「学びたいからここにいる」「練習のチャンスだからここにいる」「成長の機会だからここにいる」などと理由を思い浮かべると、「自分からやっている」と思う支えになります。

筋肉と同じで、つかえばつかうほど心も鍛えられます。人と接する機会を多く持てば持つほど、対人的な免疫力が向上します。

いろいろな面で自分を成長させる機会だと思って、能動的に行動しましょう。

「回避行動」という言い訳を自覚する

逃げ腰にならないためには、自分の回避行動を自覚することが前提になります。

回避行動は、そのときには救いになるので、つい癖になってしまいます。また、心理学でいう合理化が働いて、逃げているという意識が巧みに隠蔽《いんぺい》されます。

たとえば、会議の開始直前に席に着くことを、「時間を有効利用するためだ」とか、「時間を厳守するのが私の主義だ」と考えるなどです。あるいは、「飲み会なんてくだらない。もっと建設的なことに時間を使うほうがいい」などと言い訳することです。

本当は、会議が始まるまで雑談しなければならないことや飲み会が苦手で、そこから逃げているだけなのです。

回避行動をとっていると、慣れが生じません。社会的場面は、単に慣れることによって不安がとり除かれることが少なくないのです。それなのに、自分が傷つきそうな場面から逃げているのですから、傷つくことに対する耐性が育ちません。もちろん、社交的なスキルも獲得できません。

その上、回避行動は自分を貶めることになります。なぜなら、「自分は逃げている」「弱虫だ」「自分をごまかしている」などと、自責の念がわくからです。

まずは、回避行動をとろうとしたときや、回避行動に逃げてしまったときに、きちんとそれを自覚すること。**回避行動を自覚したら、「逃げ腰にならない」と決意して、多少つらくても、その場面に立ち向かうようにします。**

ただし、つらすぎて耐えられない場合は、回避行動という選択もあり得るでしょう。その場合には、自分をごまかすことなく、自覚的な選択として回避行動をします。そして、やがては乗り越えるべき自分の課題として設定します。

雑談が楽になる「聞き上手」になる方法

雑談が苦手で人と接するのが苦痛なのは、話し方がヘタだとか、話す内容が乏しいからではありません。**ほかの人が自分に興味を持ってくれるという自信がない、あるいは相手の関心を引き留める自信がないなど、自我のあり方こそが本質的な原因です。**

このため、話し方のスキルを学んだり、話す内容を仕入れることに努めてもほとんど効果は期待できません。

人に受け入れられるのに、しゃれた会話は必要ありません。人は誰でも自分の話に謙《けん》虚《きょ》に耳を傾けてくれる人に好意を持ちます。自然、そうした人に向けて話すようになります。ですから、聞き上手になることで、人の中に楽にいられるようになります。

聞き上手になるには、次の六つのポイントをおさえておけば問題ありません。

【①「あるがままの自分」という心構えで聞く】

気にしすぎる人は、防御の姿勢さえはずせば、聞き上手になる十分な素養を持っています。というのは、そうでない人は、聞くよりも自分がしゃべりたいので、相手の話を受け止めていないことが多いのです。それに対して「気にしいの人」は、相手に注意を向け、話の内容をじっくりと受け止めているからです。

【②「聴いているよ」という明確なメッセージを送る】

「うん、うん」「ええ」「そうですよね」と相槌《あいづち》を打ったり、首を縦に振るなどして、

「聞いています」というメッセージを送りながら聞きます。

「アイコンタクトするように」と助言されたこともあると思いますが、無理にする必要はありません。 感情は、とくに目の周辺に表れやすいので、アイコンタクトすると、自分の緊張した気持ちを相手に押しつけることになり、お互いに気まずく感じることがあるからです。

むしろ、相手の目を直視せずに、少し顔をかしげるぐらいのほうが、お互いに安心することが多いようです。

【③共感は素直に表現する】

自分を防衛したり、誇示したりしようとせず、「あるがままの自分」という姿勢で聞いていると、自ずといろいろな感情が浮かんできます。それを素直に表現するのです。すると「大変でしたね」「がんばりましたね」「そうだよね～」「うん。わかる、わかる」などの共感の言葉になります。「すごいな」「えらいな」など、賞賛の言葉になることもありますし、「え、どうして？」などの疑問の言葉になることもあります。

あるいは「きっと大丈夫ですよ」「焦らないで、がんばってください」といった援助や激励の言葉になることもあるでしょう。考えなくても、その場、そのときにふさわしい言葉になります。

素直に話を聞いていると、相手が言葉に詰まったとき「○○ということ?」などと、**相手が言いたいことを適切な言葉で表現することができます。**すると、相手は「そう、それだよ」と、理解してもらっていると実感し、あなたへの信頼感が増します。

【④わからない話はスルーせずに「広げる」】

質問には「はい・いいえ」で答えられる閉じられた質問と、「はい、いいえ」では答えられない広げる質問とがあります。会話を途切れさせないためには、閉じられた質問ではなく、広げる質問を心がけるようにしましょう。

「あるがまま」の姿勢で聞いていると、もっと詳しく聞きたくなったり、理由を聞きたくなったり、その後のことを知りたくなったりします。そんなときは、率直に質問しましょう。それが、話の流れに乗った質問になります。「え、どうして?」「それでどうな**ったんですか?」「そこのところを、もっと詳しく」などの簡単なひと言で十分です。**

話の中でわからないことがあっても、相手を気づかってわかったふりをして済ますこうがよいのです。

とがあります。しかし、そんなときは、「どういうことですか？」と素直に質問するほ

【⑤答えには「事実」をひと言つけ加える】

質問に答えるとき、「はい」「いいえ」だけで終わらせると、それで会話が途切れてしまいます。何かひと言つけ加えるだけで、会話が継続しやすくなります。

つけ加えは、自分の感想よりも事実を述べるほうが有効です。

たとえば「〇〇のイベントに行ったそうですね」と問われたとき、「はい。すごい人出で疲れてしまいました」と答えるよりも、「はい。すごくにぎわっているブースと、閑散《かんさん》としたブースがあって」などと答えるのです。こう答えると、「にぎわっていたブースは？」「閑散としたブースは？」「なぜ？」など、いろいろな疑問がわいてきて、会話の材料になります。

【⑥相手が話したことを繰り返す】

相手の人が何か話したいことがあるように感じたときは、相手の言葉を繰り返してあ

げると、有効な場合があります。

たとえば「例の仕事、やっと終わったんだ」と、相手の人が言ったとします。このとき、相手の心を安易に推しはかって「よかったね。お疲れ様でした」と返すと、その話題は終わってしまいます。

といって、声の調子から、大仕事が終わったという高揚感よりも沈んだ様子が感じられるので、「何かしゃべりたいことがあるのかな」と思い、「何かあったんですか？」と真正面からきくと、「いや、別に」と、相手は話したくなくなってしまいます。


こんなときは「そうですか、終わったんですか」と、共感を示しながら相手の話を繰り返しましょう。そうすると、話題は継続された上で、相手の人は話してもいいし、話したくなければ話さなくていい、という選択の自由を与えられます。そのため、強制された気持ちが生じないので話しやすくなるのです。

ただし、相手の言葉をただ繰り返すことを続けていると、相手の人はバカにされているように感じます。あくまでも「あなたの心をしっかりと受け止めていますよ」というメッセージを込めて、繰り返してあげることです。

ほめ合えば信頼が深まる

いかにもただ単位を取るため、という態度で授業を受けている学生がいました。その態度を何度注意しても改まりません。

ところがあるとき、その学生が授業中、斜に構えたまま私に質問したのです。本人は私の授業内容を皮肉ったつもりだったようですが、私は「**それは、ほかの人もきっと聞きたかったことで、よい質問です**」とほめて、質問にていねいに答えました。それをきっかけに、その学生の態度がこれまでとはまるで変わったのです。

このように、ほめることで人が変わったり、伸びたりするという体験を、教師なら誰でもしているものです。

心理学の古典的実験においても、ほめる群、無視する群、叱責する群を比較してみると、長期的には、ほめる群だけが伸び続けるという結果が得られています。「ほめて伸ばせ」は教育の基本であり、人材育成の基本であり、子育ての基本なのです。

いくつになっても、ほめられることは嬉しいものです。たとえ、ほめられたことを快く受け取っていないかのような素振りをしても、内心では喜んでいるのです。その喜びが、人をよい方向へと動かしていきます。

ですから、よいと思ったことは、素直に本人に伝えてあげましょう。

ただし、それが「お世辞」「ごますり」などと受けとられないためには、「あの提案、すごくいいと思いました」「ゆっくり、はっきりした口調で、とてもわかりやすかったです」などと、率直かつ具体的に伝えることです。

また、よいと思ったことを伝えることは、しばしば尊敬を伝えることにもなります。「大きな視点でとらえていて、勉強になりました」「仕事に取り組む姿勢を手本にさせていただこうと思います」などと。

感動したときも「先輩、すごい！　あの場面であの言葉！」などと素直に語ると、いっそう相手の心に届くことがあります。

逆に、自分がほめられたら、素直に「ありがとう」と受け入れるようにしましょう。「ありがとうございます、いつも気を配っていただいて。私も見習おうと思います」というように、素直にほめ言葉を受け入れると、自分もほめて返したくなります。

相手の長所を見るために

人は誰でも長所と短所を持っていますが、短所は目につきやすく、長所は見逃しがちです。そこで、以下の3点を意識した姿勢で接すると、ほかの人のよいところが見えてきます。

【①すべての人から学ぼうとする】

他人から学ぼうとする謙虚な姿勢でいると、どんな人からも学ぶべきことを発見します。また、相手の肯定面に焦点を合わせることになるので、自然に好意的な感情もわいてきます。

【②一人一人が違う人であると受け止める】

私たちは、自分と正反対の性格の人を毛嫌いしてしまいがちです。さらに、その毛嫌いの感情を核にしてその人を見てしまうために、マイナス面を実際以上に大きくとらえてしまいます。

また、周囲の人を一緒くたにして見てしまうことで、現実を見る目が曇らされてしまいます。たとえば、周囲に馴染めない人は「みんな意地悪」とか「みんな冷たい人」などと言うことがあります。

しかし、実際には、一人一人が違う人であり、それぞれいろいろな面を持っています。「みんな」ではなく、「少数の人が意地悪」で「特定の人が冷たい」のです。

【③自分の欲求で見ていないか反省する】

私たちは意識しないうちに、ほかの人を「自分の欲求を満足させてくれる対象」として見てしまいます。

たとえば、仕事が切羽詰まってくると、同僚を「助けてくれるべき人」ととらえてしまいます。**だから、この期待に応えてくれないと、「冷たい人」「信頼できない人」などと否定的に見てしまうのです。**部下を持つ身であれば、自分の思い通りに行動しない部下を「反抗的な人」と見てしまいます。

こうしたときは、オーストリア出身の哲学者マルティン・ブーバーがかつて提唱した「我―汝」という向き合い方でなく、「我―それ」という姿勢になっているのです。

「我─汝」という関係は、自分も相手も同じ人間という接し方ですが、「我─それ」というのは、相手を自分の欲求を満足させるための対象としている接し方です。

「我─汝」という見方であれば、「手伝ってくれない冷たい人」ではなく、「同じように仕事を抱えている人」ととらえることになります。「反抗的な人」ではなく、「自分をしっかり持っている人」と受け止めることになります。

相手のよさに気づいても、素直にそれを認めることができない人がいます。その人と競ってしまい、自分の劣等感が刺激されるからです。

人の美点を素直に賞賛できる人が、心の大きな人です。周囲の人のよい面を見て、それを素直に賞賛できる心の大きな人になりたいものです。

4 相手の対応や一言が気にならなくなるとらえ方

「ラインですぐに返事が来ないと、気分を害したのかな、と気になります」

「いつもと違う素気ない対応をされると、『嫌われたのかな?』と、思ってしまいます」

「同僚の何気ない言葉に、その日ずっと憂鬱《ゆううつ》な気分ですごすことがあります」

返信がない理由は単に相手の事情ではないか?

物事をどのように受け止めるかは人それぞれで、その人の思い込みによることが少なくありません。その思い込みのために、自分で勝手に傷つき、気持ちを混乱させているのです。

たとえば、ラインやメールの返信が来ないので重い気持ちになるのは、「わざと返信しないのだ」とか「返信がないのは、私を嫌っているからだ」という思い込みがあるからです。あるいは「返信してこないのは、私が相手の気分を害したからだ」と思い込んでしまうこともあるでしょう。

しかし、そんなことはありません。ほかにもいろいろな可能性があります。

たとえば、相手は単に忘れているのかもしれませんし、返事が必要だと思っていないのかもしれません。

あるいは、いまは忙しかったり、よく考えてから返信したいと思っていたり、どんな返事にしようか悩んでいるだけで、つまり「あとで出そうとして遅れているだけ」という可能性も高いでしょう。

こうして、ほかの理由や可能性を考えるだけでも、心がかなり落ち着いてきます。

なぜ相手はそんな対応をしたのか考えてみる

ほかの理由や可能性を考えるためには、相手の立場に立ってみると有効です。

たとえば、相手は気がかりなことがあったので、いつもの余裕ある対応ができなかったのかもしれません。あるいは、仕事が立て込んでいて、イライラしていたのかもしれませんし、単に急いでいただけかもしれません。

きつい言葉を投げられたのだとしても、相手があなたを嫌っているとは限りません。単に嫉妬心や意地悪から言った可能性や、たまたま気持ちがむしゃくしゃしていたとも考えられます。あるいは親密感から、つい遠慮のない表現をしたのかもしれません。

いずれにせよ、こうして相手の立場に立ってみると、相手の行動や言葉の意味を冷静に考えることができるようになります。

「気にしい」の人は、いつも非難の色彩が含まれないように気をつかって話します。だから、ほかの人も気をつかって話すものだと思い込んでいます。そのために、気軽に発した相手の言葉を、必要以上に重大事と受け止めてしまうのです。

レンズのゆがみを自覚しよう

ほかの人のちょっとした言動で、感情を大きく揺さぶられてしまう人は、いささかゆがんだレンズで物事を見る傾向があります。たとえば、以下のようなレンズです。

【重大事と見てしまう】

物事を必要以上に重大事として見てしまうレンズのために、たいしたことではないのに深刻なことと受け止めがちです。

【悲観的に見てしまう】

物事の先行きを悲観的に予測してしまうゆがみです。たとえば、メールの返信が遅いと「私のメールで気分を害したのだ」などと思ってしまいます。電話が鳴っただけで「何か悪い知らせだ」と、瞬間的に思ってしまう人もいます。

【悪意として見てしまう】

何か不都合が起きたとき、それが自分に原因がある場合は状況のせいにしますが、ほかの人に原因がある場合は、相手の意図や悪意のせいにする傾向があります。

【自分と関係させてしまう】

自分と関係のないことでも、自分が関係していると受け止めてしまうことがあります。たとえば、同僚が笑い合っていると、「私の噂をして笑ってる」と思い、上司が全員に注意しているのに、「私だけを非難しているのだ」と受け止めてしまいます。

【自分を被害者として見てしまう】

ほかの人を加害者として見て、自分を被害者に見たてる傾向があります。このため、ほかの人と同じように待遇されても、自分は不当な扱いをされていると感じることがあります。

【誤った深読みをしてしまう】

相手の人が話すことから「私に○○してほしいのだ」などと、相手の意図を勝手に深読みします。あるいは、「私が話しているとき相手が目をそらしたのは、私のことを軽蔑しているからだ」などと、根拠もなく思ってしまいます。

ゆがみは、たいてい1種類だけ存在するのではなく、複数が同居しています。このため、ゆがみが加算的に大きくなり、たくさんのストレスを背負い込んでしまうのです。自分のレンズのゆがみを自覚し、修正することができれば、多くのストレスから解放されます。

5 「気にしない」人は乱れた心を広げない

感情の三つのバイアスを思い出す

何か心配事があると、それだけに頭が占領されてしまい、仕事が手につかなくなります。気持ちが落ち込むとどんどんエスカレートし、「どうなってもいいや」と、自棄的になることがあります。**こんなときは、マイナスの感情を広げないことが大事です。**

心がかき乱されて落ち込んでいるときには、感情の三つのバイアスが働いています。このバイアスを知っておくと救いになります。

【①感情の予測バイアス〜予想は実際よりつらい】

感情の予測バイアスとは、不快な感情にせよ、心地よい感情にせよ、感情を予測するときには、実際よりも過大に考えてしまうというバイアスです。

たとえば、就職活動をしているときは、「この会社に入れたらどんなに嬉しいだろう」と思っています。でも、いざ、就職して働き始めれば、さほどの嬉しさはありません。3か月もすれば、嬉しさよりも嫌さが勝って会社を辞めてしまう人も出てきます。

恋愛中は「この人と結婚できたら最高の幸せ」と思っていたのに、早くも新婚旅行先で「最高の幸せ」とは幻想であった、と感じる場面に出くわします。3年もすれば幻滅のほうが強くなり、少なくないカップルが離婚します。

マイナスの感情においても同様です。予測したときのほうが、実際よりもはるかにつらく感じられるのです。あれこれと考えているときのほうがつらいのです。実際にその場に直面してしまえば、それほどつらくはありません。昔から「案ずるより産むが易《やす》し」と言われてきたことです。

「失敗したら、どんなにつらいだろう」「どんなに心が傷つくことだろう」「人事評価が悪く出たら、会社にいられなくなるかもしれない」「そんなことになったら、もう立ち直れない」「そして、ずっと絶望的な気分から抜け出せないだろう」……。

このように、私たちはつらさを過大に見積もってしまい、つらい心がずっと続くと思い込んでしまいます。そのために、必要以上に感情が混乱してしまうのです。

【②感情の投射バイアス〜否定はさらなる否定を生む】

私たちは、そのときの感情を反映して物事をとらえる、という性質があります。これが感情の投射バイアスです。

たとえば「幽霊の　正体見たり　枯《か》れ尾花《おばな》」と言われるように、怖がっていると、なんでもないことでも怖いものに見えてきます。会議で提案をしているときに自信がないと、出席者が首を横に振るとか、苦い顔をしているといったことばかりが気になってしまいます。**落ち込んでいると、さらに落ち込んでしまうのも、この性質のためです。**

また、まわりの人から見れば、明らかに一時の感情で物事を判断しているだけなのに、本人はそのことに気がついていない、ということがあります。

たとえば、第1志望の大学入試に失敗した生徒が「就職する」と言い始めるとか、些細なことでけんかした夫婦が「離婚する」と言い張るなどです。

否定的な感情のときには、否定的な考え方になってしまい、何事も否定的にとらえてしまいます。このために絶望的な心理状態になるのです。

【③感情の反芻バイアス〜思い出すほどつらくなる】

楽しい、嬉しいなどプラスの感情は、反芻《はんすう》するほど軽減していきます。たとえば、恋人との心躍る体験も、何度も思い出すうちに色あせていきます。

しかし、これとは逆に、マイナスの感情は、ある期間でみると、反芻するほど強まっていくという性質があります。

このことを実証した実験があります。実験の参加者にイヤな感情を引き起こす場面を体験させたあとで、A群にはそのときの感情をできるだけ繰り返し思い出すようにしてもらい、B群にはその期間を普通に生活してもらいました。

すると、感情を反芻したA群のほうが、B群よりも明らかにマイナスの感情を強く引きずっている、という結果が得られたのです。

このように、イヤな感情や体験を繰り返し思い出すことで、そのイヤな気持ちがいっそう強まる現象を「感情の反芻バイアス」と言います。

気持ちが落ち込みがちな人は、過去のマイナス体験を繰り返し思い出す傾向があります。その感情の反芻が、つらさをいっそう強めてしまうのです。

マイナス感情に心が占領されているときは、これら感情のバイアスにより、マイナス感情が増幅され持続しているのです。ですから、これら感情のバイアスを思い出すことで、心がいくらか軽くなるはずです。

心に隔壁をつくってイヤな気持ちを閉じ込める

心配なことがあると、それだけに心が占領されてしまい、イヤな気持ちが心全体に広がっていきます。そのため、過度に悲観的、絶望的になって混乱してしまいます。

イヤな気持ちを広がらせないために、心に隔壁《かくへき》（仕切り）をつくる方法があります。

① 白紙の真ん中に大きな円を一つ描きます。この円が自分の心全体を表します。

② 自分の生活の主な領域をリストアップします。家庭生活、子ども、仕事、友だち・近所づき合い、趣味、将来のことなど。これらを重要な領域ほど広くなるように円グラフに表します。

③ いま心配していることを、該当する領域に書き込みます。たとえば、仕事でミスをして、明日、上司に報告しなければならないことであれば、そのように仕事の領域に書き込みます。そうすると、問題は仕事のことであり、それ以外の領域には関係

ないことが明確に意識されます。これにより、問題は自分の生活領域のごく一部であることが実感でき、小さなことと感じられます。

④ 対処法を決めて書き込みます。「明日いちばんで、上司に事情を説明し、指示を受ける」などと決断するのです。これを当該領域に書き込みます。

⑤ 以上を確認して、『いま、ここ』を楽しもうと決意します。仕事のミスを家に帰ってまで心配していても仕方ありません。いまは、生活上のほかの領域を大事に楽しもうと決意しましょう。

以上のような作業をすると心が落ち着きます。それでも、不安がよみがえってくる場合は、その度に、この「心の隔壁用紙」を見て、気持ちを楽にするようにしましょう。

楽しいことを意識的にイメージしよう

気がかりなことがあってつらいとき、ふと気がつくと「あのときは楽しかったな」と楽しい思い出に浸っていることがあります。

つらいときには、無意識のうちにそのつらさを打ち消すイメージによって、心のバランスをとり戻そうとするメカニズムが存在するのです。

意識はテレビと同じで、同時に複数の画面を表示できません。楽しいイメージが意識にあるときは、つらいイメージは意識から排除されています。これを使って、沈んでいた気持ちを、快感情に置き換えるようにするのがイメージ・リラックス法です。

たとえば「同じような場面で、うまくできたことを思い出す」「いまの課題で、うまくいった姿をイメージする」「楽しい気分にしてくれる体験を思い浮かべる」などです。

近年の脳神経科学は、こうしたことが実際に効果的であることを示す知見をえています。**実際に行動しなくても、そのことを思い浮かべるだけで、行動した場合と同じ脳の部位が活性化することがわかってきたのです。**

同じようなメカニズムで、気持ちが落ち込んだときに笑顔をつくると、楽しい気分に変えるのに役立ちます。

「タイムスリップ法」でつらさを乗り越える

つらくてくじけそうなときや、仕事で消耗を感じるときなどは、希望の未来をイメージすることで気持ちを変える方法もあります。これは「タイムスリップ法」と言われるもので、たとえば「自分の夢や希望が実現した姿をイメージする」「現在は、夢や希望への道を進みつつあるということを確認する」などという方法です。

単なる空想としての夢では、現実逃避に終わってしまいます。夢の中にいるあいだは気持ちが救われますが、現実に戻ったとたん、現実の厳しさに無残に打ち砕かれてしまいます。

こうならないためにも、自分がいかなる人生を目指し、そのためにはどのように自分を成長させていくのか、という人生設計を持っていることが極めて大事です。私は、つらいときやくじけそうなとき、人生設計を見ることでどれだけ救われたかしれません。

心配事はボールにして放り投げる

体系化されたイメージ・リラックス法として、心配をボールにして投げ捨てるという方法があります。心配してもしょうがないことであれば、そんな心配は放り投げて、意識から排除してしまうのです。

①目を閉じて、身体をリラックスさせ、数回深呼吸します。

②心配ごとを頭に描きます。すると、不快な感情が生じますが、それをそのまま感じるようにします。

③次第に不安や不快な感情が心配ごとの周りに集まって、ボールのように丸くなるとイメージします。

④心配・不快がどんどん集まってきて、それにつれてボールがますます大きくなっていくとイメージします。

⑤今度は、その心配と不快のボールが圧縮されて少しずつ小さくなっていく、とイメージします。

⑥やがて小さな堅いボールになり固まってしまった、とイメージします。

⑦そのボールを思い切り遠くへ放り投げます。このとき、イメージだけでなく、じっさいに投げる行動をしたほうが、気持ちがすっきりします。

⑧「もう、心配しなくていい」と自分に言い聞かせます。

バカげたことと思うかもしれません。でも、つらいときにやってみてください。きっと役に立ちます。なにしろ、不安そのものが実態のないものなのですから。

頭の中でイヤな人の葬式をする

イヤな人や出来事を、枠の中に閉じ込めてしまうことで、心に整理をつける方法もあります。たとえば、テレビの画面をイメージして、その中で気の済むようなストーリーを展開するのです。

もし、それがイヤな上司であれば、その上司が上役に怒鳴られ、しょげかえっているストーリーを描きます。さらに、思い切って、その上司の葬式を出してあげるのはどうでしょう。白い着物を着させて、額に白い三角をつけ、棺桶《かんおけ》に入れてしまいます。棺《ひつぎ》にふたをして、釘を打ち、出棺《しゅっかん》を見送りましょう。

頭の中でなら、何を考えようと自由です。遠慮なく、気の済むストーリーを展開します。そして、そのストーリーが済んだら、「もうあの人のことには関わらない」「イヤな出来事は忘れた」と、セルフトークします。翌日、会社で本人に会うと、「あら、まだ生きてた?」と、愉快な気持ちになること請け合いです。

ある外国の推理作家は、悪意ある批評を受けたときには、その批評家の容貌などを調べて、次作で頭を勝ち割られる被害者として描くとか、悪者として描くことで溜飲を下げるのだそうです。

肯定的なセルフトークを心がける

気持ちが落ち込みやすい人は、ちょっとしたトラブルでも「大変だ！」「もうダメだ！」「イヤだな〜」「最悪だ……」などと、無意識のうちに自滅的なセルフトークをしています。このため、感情がいっそう混乱してしまうのです。

こうした自滅的なセルフトークを、適切なセルフトークに置き換えることで、意識や感情、行動も肯定的な方向へと変化します。


「イヤだな」と言うことが口癖なら、「快適、快適！」に。

「運が悪いな」と思うことが多いなら、「ラッキー、ラッキー！」に。

「不幸だ」と感じがちなら、「幸せ、幸せ！」に。

「無理だ」「もうダメだ」と言うことが多い人は、「やってみなければわからない」「やってみてから結論を出そう」「絶対対処法があるはずだ」などと言うようにします。

ほかにも「〇〇してくれない」とか「自分ばっかり!」といった考えや言葉が多い人は、**「ほかの人はほかの人、自分は自分」「自分がしなければ何も変わらない」**などの言葉を言うようにします。

自信のなさがマイナスの感情を生んでいると感じる人は、自信を与えるステートメントを用います。**「自分を信じよう(これこそほんとうの「自信」の意味です)」「大丈夫、自分にはできる」**など。

仕事がスムーズにいけば、**「よし、この調子、この調子!」**と自分を鼓舞し、仕事が終わったら、「疲れた〜。ちょっと失敗した」ではなく、**「やった。大満足!」**と言うようにしましょう。

暑い日や寒い日、雨の日でも**「快適、快適」**と唱えます。そうすると、なんだかそんな気持ちになってきて、足元が軽くなってきますよ。

ぜひ**「なんとかなるさ」「気楽にいこう」**を口癖にしましょう。

世の中は、本当になんとかなるようにできています。ほどほどに真面目にやっていれば、人生は楽しくやっていけるものなのです。

6

「自分はダメ」でなく、「特別でなくていい」

「これと言ってとりえのない自分。せめて英会話を、と始めたのですが続きません。自信がないので、ほかの人の言葉が理不尽だと思っても言い返せません。こんなことで、『自分はダメだ』と情けなくなります」

このような自己否定や自己嫌悪におちいるのは、自分をネガティブに評価する傾向と、「特別でなければ価値がない」という思い込みに原因があります。

「セルフ・サービング・システム」の活用

人は誰でも、自分に関わることを自分に都合よく受け止めることで、自己価値感を維持しています。この機能は「セルフ・サービング・システム」と呼ばれます。

頻繁に用いられる寓話《ぐうわ》があります。

アルコール依存症の人たちに、アルコールの瓶にミミズを入れ、ミミズが死ぬのを観察してもらいました。そして、「さあ、みなさん。これを見てどう思いましたか？」と問うと、一人が手をあげて「アルコールを飲んでおけば、お腹の虫が退治されるということです」と答えました。

このように、自分に都合のいいように受け止めることが多いので、このシステムはセルフ・サービング・バイアスとして語られることもあります。

意識的、無意識的なセルフ・サービング・システムによって、私たちは自己否定におちいらず、自分を保っていられるのです。

このバイアスが働くので、圧倒的多数の人が「自分は平均以上だ」と思っています。明らかに能力・実績が劣っている人でも、「自分は平均以上に仕事ができ、能力がある」と思っています。そして、これによって日々を楽しく過ごすことができるのです。

自分を「ダメだ」と思ってしまう人は、自分に有利にセルフ・サービング・システムを働かすことができていません。**自己否定や自己嫌悪の感情が生じてきたら、自分に有**

利になるように、意識的にセルフ・サービング・システムを働かせましょう。おそらく「気にしい」の人には、そのほうが客観的で正当な自己評価になると思われます。

国際的な比較調査では、日本の生徒たちの学力は非常に高いにもかかわらず、自己評価は極端に低い、という結果が一貫して得られています。

また、日本の生徒を調べてみると、学力が高いのに自己評価が低くて自信が持てないという生徒が数多く存在します。

自分を「ダメだ」と思ってしまう人は、内省能力が高い人です。客観的に見れば、おそらく平均以上の能力があり、そうでなくても普通の能力の持ち主です。

肯定的解釈に置き換える

物事の解釈の仕方は自由で、評価の基準があるわけではありません。自分の中の基準で自由に評価すればいいのです。だとしたら、自己価値感が上がるように解釈したほうが得です。

否定的な解釈をしてしまったら、次のように肯定的な解釈に置き換えるようにして、それをしっかりと意識にとどめるようにしましょう。

「ムダに過ごしてしまった」
↓　「ボーとする貴重な時間を持った」
「習得しようと始めたのに、3か月で止めてしまった」
↓　「3か月続けられた。また、何か3か月続けてみよう」
「まじめに練習してきたのに、やっぱり正選手になれなかった」
↓　「やめずに努力してきた自分は、立派にがんばった」
「理不尽だと思うのに、言い返せなかった」
↓　「理不尽だと思ったが、その場で怒りを表現せず、大人の対応ができた」

認知的ゆがみを修正する

セルフ・サービング・システムを有効に利用できない原因に、以下のようなレンズのゆがみを持っていることがあります。

【否定的なことは過大評価し、肯定的なことを過小評価する】

このせいで、うまくできなかったときは「全然ダメだ」と思い、うまくできたときは

「それほどでもない」と思ってしまいます。その結果、否定的なことが圧倒的に多くなるので、気持ちがふさぎ、自信を持つことが困難になるのです。

【物事を白か黒かでとらえ、灰色があることを無視する】

このため、結果を成功か失敗かに二分し、失敗の中にも評価すべきことが含まれているのを無視します。たとえば、試合に負けると、練習がまったくムダだったと思う場合などです。たとえ試合で負けても、それまでの練習でつちかった力が確実についているはずです。

【ごく限られた体験を、不当に一般化する】

仕事で一度ミスしただけなのに「自分には能力がない」「もう会社でやっていけない」などと思ってしまうことです。

以上の自分のレンズのゆがみを自覚して、修正する努力をすると、セルフ・サービング・システムが有利に働くようになります。

過度の自責感を持たない

セルフ・サービング・システムは、厳格すぎる道徳性に束縛されていると、うまく機能しません。道徳性とは本来、人生をよりよく、より快適に生きていくための導きとなるものです。**ところが、厳格すぎる道徳性が形成されると、現実の法則によるべき判断が、道徳性による判断にとって代わられてしまいます。**そのために、現実的で柔軟な判断や行動ができなくなるのです。

こうした融通のきかない道徳性が身についていると、セルフ・サービング・バイアスを「ごまかしだ」とか「不当だ」と感じてしまいます。つまり、自分に都合のいいように受け止めることを、欺瞞《ぎまん》だとして自分を責め、自分を貶《おとし》めてしまうのです。しかし、適切に相手のせいにすることができるのは、精神的健康にとって必要なことなのです。

たとえば、次のような実験結果があります。

学生たちが、ある能力を判定するとされた面接を受けました。学生たちは「変な人」が面接官である条件と「普通の人」が面接官である条件、どちらかに割り当てられました。そして、全員が「能力なし」という判定だと知らされました。

その結果、変な面接官の条件のほうが、学生たちの受けるショックは少なかったのです。「あんな変な面接官が出した判定だから」と、相手のせいにしやすかったからです。「気にしい」の人は、往々にして責任感が旺盛《おうせい》です。過度に責任をとることなく、相手にも相応の責任を負わせるようにしましょう。

「特別でなくていい、普通で十分」

「自分をダメだ」と感じる心の底には、「自分は特別でなければならない」という意識があります。特別すぐれていないから「ダメだ」と感じてしまうのです。

こうした意識は、何らかの意味で優秀だったり、素行で褒められていた子ども時代に起源があることが少なくありません。

子ども時代は、努力さえすれば相応の結果が得られます。そうして得られた結果が褒められ、高い評価が与えられます。これが自分の中に定着し、「自分は特別だから、普通ではダメ」という思い込みになります。

思春期・青年期の精神疾患の背後に、この「特別でなければならない」という意識が存在することが少なくありません。

たとえば、中学でトップクラスの子どもが偏差値の高い高校に進学すると、半数の生徒は普通の成績か、普通以下の成績になります。これを素直に受け入れればいいのですが、「特別でなければならない」という思いが強すぎると、「普通の自分」「普通以下の自分」に耐えられなくて、不登校になることがあります。

あるいは、うつ病を患う人の中に、特別に高い評価基準にとらわれている人がいます。うつ病の顕著な症状に無価値感や無能力感がありますが、こうした高すぎる価値基準にとらわれていれば、必然的にそうならざるを得ません。

たしかに、世の中には特別にすぐれた人がいます。特別に称賛される人がいます。しかし、そうでなければ価値がないわけではありません。

会社は、あなたに特別な能力を求めているわけではありません。普通に仕事ができれば十分です。ましてや友人や同僚は、特別なあなたを求めていることはありません。特別にすぐれているからつき合うわけではありません。

特別でなくていいのです。普通で十分。このことをしっかりと頭に入れておきましょう。自己否定感に襲われたら、「特別でなくていい。普通で十分」と、頭の中で何度も繰り返しましょう。

7 心配事は居直って対処法を考えれば吹っ切れる

仕事でミスをして、明日は会社で対策会議……。それを考えると夜も眠れず、胃がキリキリと痛みます。

しかし、起きたことの責任は、どんなにつらくとも引き受けるしかありません。覚悟を決めて速やかに対処し、できるだけ早く立ち直る努力をするしかないのです。

「最悪」を引き受けるための居直り方

危機対処の基本原則は、「最悪」を想定して対処することです。精神的にも最悪の事態を引き受ける覚悟をしてしまうと、腹がすわり、心が落ち着きます。

心配事に心が奪われているときは、感情の予測バイアスや投射バイアスが働いているので、実際にその場にいるときよりも怖く感じられるものです。ですから、その怖さを体験してしまえば、バイアスがとれて気持ちが軽くなります。

そのための方法に「仮想的フラッディング法」があります。

フラッディング法とは、恐れている場面に直面することで、洪水のようにつらい感情がわき起こってきますが、それを体験することで平気になるという心理療法の一種です。仮想的フラッディング法では、これを頭の中のイメージで代用するのです。イメージで最悪の事態を体験し尽くしてしまうのです。

仮想的フラッディング法の手順としては、まず仮想的フラッディングをする時間（10分程度）を決め、タイマーをセットするところから始まります。

その後、以下のように進めてください。

【①恐れている最悪の場面を思い浮かべる】

恐怖や不安、イヤな気持ちがわいてきますが抑えることなく、それら悪感情に思い切り浸るようにします。私たちの意識は、最悪の状況をイメージしようとすると、それをブロックする作用が自動的に働くので、この抵抗を打破する必要があります。恐れずに最悪の状況をイメージし、ひどい感情を逃げることなく受け入れるようにしましょう。

【②つらい感情と最悪の状況を引き受ける覚悟をする】

悪感情にどっぷり浸っていると、やがて「あれこれ想像して恐れているより、実際にはたいしたことはない」と感じられるようになります。**わいてくる恐怖に対して「それがどうした」「なんとかなるさ」と、居直りの心もわいてきます。**

そこで「起きたことは仕方がない。何があろうと、これを自分の責任として引き受けよう」と、覚悟します。これを何度も頭の中で繰り返しましょう。

【③タイマーが鳴ったら、意識を現実に戻す】

「居直ったら、気持ちが楽になった」という経験は多くの人が持っています。居直った心ほど強いものはありません。合理的な対処法を考える冷静さもわいてきます。

「逃げず、抱え込まず、迅速に」

ある程度、冷静に考えられるようになったら、具体的にどのように対処するかを考えます。その基本は「逃げず、抱え込まず、迅速《じんそく》に」ということになります。

すでに述べたように、逃げの姿勢になると怖さが倍加します。逃げずに、自分がとり組むべき課題として正面から受け止めるようにします。

逃げないとは、以下のようなことを含みます。隠蔽しない、曖昧にしない。ごまかさない。うそをつかない。人のせいにしない。言い訳しない……。こうした姿勢を一貫すれば、事が収まったあとでは、かえって高く評価されることがあります。

逃げないとはいっても、一人で抱え込まないことも大事です。

抱え込むと、結果として隠蔽しがちですし、全責任が自分に課され、ほかの人の協力が得られにくくなります。上司に、仲間に、率直に相談するようにしましょう。

そのためにも、普段から「ほうれんそう（報告、連絡、相談）」をこまめにおこないたいものです。これは、部課全体として、仕事を円滑に進めるために必要ですが、いざというとき、自分だけが責任を負わされるのを防ぐ手段にもなります。

対処は、迅速にしたほうが有効です。問題がまだ発覚していないからと、ぐずぐず延ばさずに相談するほうが賢明です。あとになるほど事態が悪化し、つらさも増します。

現実的な対処法を具体的に考える

ある程度、気持ちが落ち着いたところで、具体的な対処法を考え、実行します。

【①考えられる対処法を書き出す】

できるだけたくさん対処法を考えて、紙に書き出しましょう。このとき「(自分が見習いたいと思っている)あの人ならどうするだろう」という視点で考えると役立ちます。それによって、自分の視野を越えた対処法を思いつくことがあり、対処法を選択する場合にも、それが賢明な対処法だという確信も与えてくれます。

もちろん、直接そうした人に相談できれば、それに越したことはありません。ストレス状況では、つい孤立無援という感覚におちいりがちですが、仲間を信じて援助を求めることは精神的に救いになるし、展望を開くためにも有効です。

あまりに問題が大きすぎて、絶望的と思われる場合には、小さい課題に分割してみると対処法が見えてきて、圧倒される思いから抜け出ることができます。

【②列挙した対処法から、最も適切だと思われる方法を選択する】

事実判断に迷うような場合には、正確な情報を得ることが最初の対処法です。適切な対処行動をとるためには、正確な事実認識がもとになるからですが、それにとどまらず、情報を入手するだけでストレスが消滅したり、軽くなったりすることが少なくないからです。

対処法の選択に当たっては、力関係や流れなどを現実的に見ることが大事です。「正しいこと」が必ずしも「適切なこと」ではありません。力関係が覆しようのないものである場合には、流れに逆らうとかえって事態を悪化させることがあります。

【③実行する日時や手順を決める】

実行する見通しが立てば、ずいぶん気持ちが落ち着いてきます。実行案を作成したら、メンタル・リハーサルをおこないましょう。メンタル・リハーサルは、できる限り具体的にイメージして、繰り返し練習するのがコツです。

【④策定されたスケジュールにそって実行する】

これまでのプロセスを信じ、行動は一気呵成《いっきかせい》にやることを心がけます。それまでウジウジと悩んでいても、見通しを持って動き出せば元気が出てくるので、そのまま突き進むようにします。

以上のことは、ひどく大げさに感じられるかもしれません。

しかし、こうした方法は、実際には誰でも日常普段に使っているのです。それをただ意識的に組織立てておこなうにすぎません。


最後に、2点つけ加えたいと思います。

一つ目は、心身のリラックス法を併用するメリットです。

心配事が吹っ切れず、心が混乱して眠れないようなときは、第7章で述べるリラックス法が有効です。身体を通して心の平安を得る方法で、普段からリラックス法を習得しておくと、こうしたときに救いになります。

二つ目は、失敗体験から教訓を引き出しておくことの重要性です。

それは、二度と同じような失敗を犯さないためばかりでなく、自分を成長させる材料でもあるからです。

また、教訓を確認することにより、この体験を完結できるからです。教訓を引き出して確認しておけば、この体験は完全なマイナスではなく、肯定的な意味も持つことになります。そうしないと、後々までも、イヤな記憶として悩まされることになります。

第6章

「気にしい」行動を修正する

1 「とりあえず処理する」習慣をつける

「気にしい」行動の修正とは、その行動の軽減を目指すものです。気にしすぎる性格を変えようとするものではありませんが、行動を修正すれば、自然と性格の変容へとつながります。

考えすぎると優柔不断になり、仕事がはかどりません。雑務もどんどんたまってしまいます。メールへの返信などが、その典型例です。こうした状況を乗り切るためにも、「とりあえず」処理する習慣を身につけましょう。

メールは自分から完結させる

メールを出した人は「間違いなく送信できたかな」「読んでくれたかな」と気になっています。この気持ちにさえ応えてあげれば、相手は安心するのです。ですから、ごく簡単な内容でいいので、速やかに返信することを心がけるのが賢明です。

そのために、簡単な内容の文章をストックしておくようにします。通常は「メール受けとりました。ありがとうございました。」で大丈夫です。

必要な場合は「メール受けとりました。有益な情報、ありがとうございました。」「メール受けとりました。ご教示、ありがとうございます。」などと少しつけ加えます。

継続する内容を含ませると、かえってストレスをもたらすことになります。

たとえば「検討の上、お返事いたします。」と返したら、相手はメールを待つことになり、自分は宿題を背負うことになります。その上、次のメールは簡単な文言では済ませなくなります。つけ加える場合でも、「メール拝受しました。参考にして考えてみます。ありがとうございました。」などと、やりとりを完結する内容にしましょう。

このような「とりあえず」メールで済ませられない原因は、相手からの評価を気にしすぎているため、それを過大視しているため、および、尊大な自己中心性にとらわれているためです。相手は、あなたのその一つのメールだけに関心を持っているわけではありません。多数受け取るメールの一つにすぎないのです。

返信があったことは覚えているでしょうが、表現や内容などはすぐに忘れてしまいます。ですから、簡単な内容でいいので、速やかに返信することを習慣づけましょう。

長い文章を楽に速やかに書くコツ

［最初に結論を書く］　最初に結論を書き、そのあとで説明や理由などを加えます。この形式だと書きやすいですし、読み手にも分かりやすくなります。

［簡潔に書く］　必要な内容だけに絞って書きます。センテンスを短くし、改行を増やします。

［複数の内容がある場合には、箇条書きにする］　これなら、文章のつながりを気にする必要がありません。読み手にとってもわかりやすくなります。

［定型のサンプルを参考にする］　インターネットで検索すると、あらゆるジャンルの文章例が見つかります。ビジネス文書、儀礼的な文章例、私的・社交的文章例など、必要に応じて部分修正すれば、そのまま使えます。とりわけ、書くのに苦労する依頼文や謝罪文の例などは、大いに助けになるでしょう。ただし、この場合、自分の正直な気持ちを含ませることは不可欠です。

雑務処理はルーティン化し、まとめてやる

仕事は大きく分けて、二つタイプがあります。本来の仕事と、それに伴う雑務です。雑務とは、メールへの返信、提出書類の記入、出張報告書の作成などです。しばしばこうした雑務は、短期間で速やかに処理することが求められます。

そのため、本来の仕事よりも優先されがちになります。ところが、これらに手をつけると、それだけで一日の大半を費やしてしまい、本来の仕事に着手できません。

これを防ぐためには、ルーティン化することです。すなわち、雑務処理の時間や曜日を決めておくことです。**たとえば、メールのチェックと返信は昼食後の15分以内、その他の雑事は終業直前の20分間とするなどです。**

さらに、急がずに処理すればよいものは、金曜日の午後にまとめて処理するなどと決めます。こうすることで効率的になり、雑務にかける時間も激減します。また、最初から処理する日を決めておけば、多少は作業がたまってきても気になりません。

時間と曜日を決めてルーティン化することで、「処理を要するが大事でない」雑務に振り回されず、本来の重要な仕事に精力と時間を集中することができます。

2 身体を使う仕事から始める

「上司の一言が気になって、仕事に集中できない」
「仕事がたまってしまい、気が重くなって、ますますやる気が起きない」

こうしたときも、ともかく着手することが肝心です。

「身体を動かすだけで済む作業」から!

仕事が手につかないとか、やる気がわかない理由は無数にあります。
たとえば、面倒くさい、意義がわからない、やりたいことではない、自分には荷が重い、「イヤだな〜」という気持ち、結果としての評価が不安、できるという自信が崩されてしまう恐れ……。ですから、原因を探って対処しようとしても無理です。

自分で始めようと決意する以外、方法はありません。「えい！」と気合を入れて、ともかく動き出すことが肝心です。

何でも動かすときには、最初の一歩が重いものです。いったん動き出せば、その後は割合スムーズに動き続けます。

仕事には、精神的集中を要するものと、身体を動かすだけで処理できる作業とがあります。後者の作業から始めると、最初の一歩が生み出しやすくなります。

たとえば、机の片づけ、資料の整理、データの打ち込み、情報収集などがあげられます。作業を進めるうちに、本来の仕事に取り組もうとする気持ちが醸成されます。

私は、執筆に気が乗らないときは、ブラインド・タイピングの練習から入るようにしています。これを数分おこなうと、さほどの決意の必要もなく執筆に移っていくことができます。

課題は一つずつ「各個撃破戦術」で処理する

私は考えすぎのグズです。つい、いろんなことを考えて、作業や仕事がたまってしまうことがあります。たまると、気持ちが重たくなります。気持ちが重たくなると、ますます何事も手をつけたくなくなります。こんな悪循環は、早々に抜け出したいと思っているのですが、いつもこの繰り返しです。

やるべきことがたまったときには、「各個撃破戦術」でとり組むようにしています。各個撃破戦術とは、多くの課題があっても、当面の対象を一つに限定して次々と処理していく方法です。

【①気になっている仕事をリストアップする】

「やらなければならない」ことを、付箋紙1枚につき1項目だけ書きます。

【②処理する仕事を選択する】

「やらなければ」と思い込んでいますが、その中には「やらなくても問題ない」ものが含まれていることがあります。それらは「実行しない」と決断して、その付箋紙を破ってしまいます。

また、ほかの人に頼めば済むことも含まれているかもしれません。それらについては、当該の付箋紙に「○○さんに依頼する」と書き加えます。

【③簡単に済むことを上にして一つの山に重ねる】

やるべきことを書いた付箋紙を、机の上やボードに広げて貼っている人を見かけますが、そうすると「いろいろ処理しなければならない」と、かえって気持ちが重くなります。その点、一つの山にしてしまえば、当面「やるべきことは一つ」なので、取り組もうとする意欲がわいてきます。

【④上からどんどん処理していく】

簡単に処理できる仕事が上のほうにあるので、最初の一歩を気軽に踏み出せます。簡単にできることでも、一つの仕事を済ませれば加速度がついて、その勢いに乗って気が重いことにもとり組みやすくなります。処理が済んだ付箋紙は、丸めてゴミ箱に放り込みます。これが快感!

なお、場合によっては「ただ一つやるとしたら、何をするのが最も有効か」と考えて、それを最初に済ませてしまう方法もあります。**つまり「これを処理してしまえば、気持ちが楽になる」というものを最初に処理してしまうのです。**すると、その後の仕事は「楽ちん、楽ちん」と感じられます。

タイマーを設定するなどして逃げ道をふさぐ

グズグズすることは一種の回避行動です。いろいろな逃げ道によって、回避行動をしているのです。自分が用いている回避行動を明らかにして、それに逃げられないようにすることも一つの方法です。

たとえば、スマホやインターネットで長々と時間をとってしまい、仕事の開始が遅れるということはよくあります。この場合、インターネットでの作業時間をあらかじめ決めて、タイマーを設定しておくなど、具体的な方法を援用するようにします。

また、ほかのどうでもいい用事をすることで、本来しなければならない仕事から逃げるケースもあります。あれこれ忙しくしているのに、いっこうに仕事がはかどらない人に、このタイプが多く見られます。こうした人は「いま本当にしなければならないことは何か？」と確認して、「やるべきことから逃げない」と決意する必要があります。

さらに「どうしてもやる気が起きないから」と、気持ちの問題に逃げる人もいます。また「とても仕事できる状態じゃない」と、うつ的な気分に逃げ込む人もいます。こうした人は「それは回避行動であり、気分のせいにするのは言い訳にすぎない」と、しっかりと確認しましょう。

自分にご褒美で自己強化

自己強化を上手に使うと、グズを抜け出すのに役立ちます。

たとえば、日課にしているジョギングを、夏の暑さで億劫《おっくう》に感じたら「走り終わったら冷たいビールが待っている」と思えば、暑い日でも走ろうという意欲がわいてきます。このように、自分に自分でご褒美を与えることを「自己強化」と言います。

「そこまで終わったら、コーヒーブレイクにしよう」
「この作業が一段落したら、夜はおいしいものを食べよう」
「いまの仕事をすべて処理したら、週末はゴルフに行こう」

こんなふうに、自分へのご褒美を用意するのです。

3 「割り切る」ことを覚える

「こんなんじゃ、ダメだと思ってしまい、なかなか仕事がはかどりません」
「何をやっても満足感が得られず、不完全感が残ります」

こうなる原因は、完璧主義にとらわれているためです。完璧主義から抜け出るためには、「適当なところで割り切る」という姿勢を身につける必要があります。

完璧主義は「防御の姿勢」でしかない

完璧主義についての理解を深めると、完璧主義から抜け出る助けになります。

じつは、**完璧主義になる原因は、完璧なレベルにまで自分を高めたいという願望ではありません。**すなわち、自信や確固とした自己価値感によるものではないのです。

反対に、完璧主義の根底にあるのは不安であり、恐れです。非のある自分、欠陥のある自分、不完全な自分、そのために非難され、低い評価を受けることで、自己価値感が揺るがされてしまうことを恐れているのです。

あなたに**完璧を求めている人など存在しません。自分で仮想の恐れをつくり出し、自分で勝手につらい思いをしているのが完璧主義です。**ですから、完璧主義をやめようと自分で決意すれば、完璧主義の悩みなど消すことができます。完璧を求めてつらい思いをするよりも、ほどほどのところで満足して楽しくやったほうが得策です。

最初の20％の時間で、仕事の80％は完成する

現代の仕事の多くは、終業時間でケリがつくというものではありません。そのために「より早く、より多く、より完璧に」という強迫観念におちいりがちです。

「早くなくていい、締め切りまでに完成すれば」「たくさん仕事する必要はない、ほどほどでできる範囲でいい」「完璧を求めない、一応できあがればいい」などと割り切る姿勢を身につけたいものです。

そのためには「パレートの法則」を念頭に置くと役立ちます。これはイタリアの経済

学者ヴィルフレド・パレートが提案したもので、たとえば、ある会社の収益の大部分（80％）は少数の商品（20％）によってもたらされる、というものです。経済現象のみでなく、いろいろな社会現象に当てはまり、俗に「80対20の法則」と呼ばれています。

この法則を仕事に適用する発想は、晴山陽一氏の『独立して成功する！「超」仕事術』（ちくま新書）を参考にしています。この場合、全体の仕事時間の20％で、すでに仕事全体の80％が達成されている、と考えます。

逆に言えば、残りの時間80％を費やしても、20％の量の仕事しか達成されないということです。だとしたら、圧倒的に多くの時間をムダにすることになります。

たしかに、自分の仕事を振り返ってみると、細かいこと（しかも、あまり重要でないこと）で、けっこうな時間をとっていることを実感します。

「最初の20％の時間で、仕事の80％は完成している」と考えると、ぐずぐずと引き延ばさず、きっぱりと割り切る気分になれます。

「70％主義」で7割の満足でよしとする

私はある年齢から、70％主義をモットーにしています。最初から目標を70％水準に設定するのです。たとえば、ウォーキングは1日1万歩と言われますが、7000歩を目標にします。仕事をする日も1年の70%、250日を目標とします。さらに、仕事の水準も7割で満足とします。

もちろん、自分の力量を最大限発揮することを目指します。しかし、完全に満足できる水準に達することなどできないので、7割満足できればオーケーと吹っ切るのです。

楽しいことを期待するときも、7割にとどめます。すると、あまり楽しくなくても、がっかりすることはありません。人間関係にも7割主義を適用します。相手との関係に完全な満足を期待せず、7割の満足でよしとするのです。

70%主義で行くと何事も楽になり、ゆったりした気持ちで日々を過ごせます。

仕事の完成度より時間！ 締め切りを設定する

完璧主義によるグズを克服するには、自分なりの締め切りを設けることが必要です。たとえば、この仕事は水曜日まで終わりにするとか、5時間かけたら終わりにするなどです。さらに、締め切り日時を書いて貼っておくとか、カレンダーに書き込んで、いつでも目につくようにします。

締め切りがきたら、多少の不完全感が残っても「完成！」として割り切り、次の仕事に移ります。最初は不安が残りますが、繰り返していけば次第に平気になります。

また、締め切りを決めると、その期限内で仕上げようと全力を尽くすことになり、効率的に仕事ができるというメリットもあります。

安心できる対象を見る

「あのレベルでいいのだ」「この程度でもいいのだ」と思える対象があれば、完璧など望む必要がないと割り切るのに役立ちます。自分を特別視して、過度に自分に厳しくするとらわれから解放されます。

私は、執筆について、しょっちゅう疑惑にとらわれます。こんなにもたくさん本が刊行されているのだから、自分が書かなくてもいいのではないかと思うのです。自分が書いたものが刊行されるに値するかと自信も揺らぎます。この気持ちを乗り越えないと書き進めることができません。

そんなときは、ほかの方が書いた本を読んでみます。もちろん、その中には、自分にはとても書けないなと感嘆させられる本もあります。しかし「私のほうが深く書ける」

「より役立つ内容を書ける」と思わせられる本もたくさんあります。

そんなことで、悩んでいる人、生きづらさを抱えている方々に、いささかでも役立てばと、思い直して執筆することができるのです。

完璧主義を抜け出るためのセルフトーク

完璧を求めることとは、たった一つの正解（ベスト）があるとして、その正解を求めることと言えます。しかし、たった一つしか正解がなく、ほかのすべては間違いというものは、学校の勉強にしか当てはまりません。現実社会において、そんなものは存在しないのです。そこで、次のようなセルフトークで割り切るようにしましょう。

「完璧なんてあり得ない」

「ベストなんて望まない。グッドで十分！　ベターなら最高！」

「最善を尽くせばいい」

「がんばったから、大満足、大満足！」

4 不安で何度も確認してしまう人の対策

「一人暮らしを始めたころから、何度も確認するという行動が頻繁になりました。お肉を切ったあとは、包丁とまな板を何回も消毒しないと気が済みません。さらに料理をしたあと、ガスの火を消したかどうか何度も確認します。アパートを出るときは、戸締まりや電源などを何度も確認して出るのですが、それでも心配になって、昼休みに確認しに帰ったこともあります」

繰り返し確認してもいい回数を決めておく

何度も繰り返し確認してしまう場合、まずは「繰り返しは4回まで」などと許容回数を決め、次第にこの回数を減らしていきましょう。こうすると、許容回数までは気にせず繰り返せるという安心感がありますし、確認しないという不安からも解放されます。

さらに、これを自分の頭の中だけで実行するのは困難なので「繰り返しは4回まで」と書いて、貼り紙をしておくようにします。

Aさんは潔癖症で、事あるごとに除菌剤を使用していました。トイレのドアノブ、便座、スリッパ、靴やサンダル、イス、ソファ……。目につくごとに、シュッシュッと除菌スプレーを散布するのが習性になっていました。

自分でもやりすぎだと思っていたので、「朝1回、夜1回、日中は3回のみ」と制限回数を設定しました。散布の対象が目につくと、つい除菌スプレーに手を伸ばしそうになるのですが、貼り紙を見て我慢するようになり、次第にその数も減っていきました。

チェックリストをつくっておく

「何度も確認しないと気が済まない」という症状を、確認強迫と言います。確認強迫的な傾向に対処するには、チェックリストを用いる方法があります。

大学教員は帰宅する際に、研究室や実験室等の施錠をする必要があります。その際の点検項目は、水道、電気ポット、冷暖房機、パソコン、プリンター、電気スタンド、室内灯、その他実験器具などがあります。

あるとき、先輩教員が、4階にあった自室の蛇口を少し開けたまま帰宅してしまい、下の3階を水浸しにするという出来事がありました。それから私は、施錠後に確認漏れがないか不安になり、施錠、開錠を何回か繰り返すようになってしまったのです。

そこで、点検項目のリストをドアに貼りつけて、一つ一つ確認することにしました。チェックリスト法は、仕事の準備や旅行の支度などをするときに、「忘れ物をしているのでは？」と気になってしかたがない、などといった場合にも有効です。この場合は、一つ一つ確認しながら、チェックリストにチェックを入れていきます。不安になったときは、リストにチェックマークがついているのを見ることで安心できるでしょう。

「確認行動」を安心に転化する

何度も確認するという行動は、ミスを防ぐという積極的な意味があります。ですから、確認強迫的な行動をなくそうとするだけでなく、安心のために利用することを心がけるのが賢明です。そのため、確認行動を安心と結合させて意識に刻みつける工夫をします。

このとき、指さし確認はとりわけ有効です。指さし確認が徹底しているのは、電車の運転手や車掌です。信号などを指さして、「〇〇、ヨシ！」と声に出して確認している姿をよく見かけます。

目で見て確認するだけではなく、声に出し、腕を伸ばして指をさすという動作を加えることで、意識水準が上がり、注意を集中する効果があります。さらに、自分の声を聴くということで、よりしっかりと意識化されることになります。

何気なくおこなった行動は、意識に残りません。意識に鮮明に刻み込むために、一つ一つ指をさしながら「〇〇、ヨシ！」と声に出し、確認を確実に意識にとどめるためのセルフトークをします。**「確実に点検したから、絶対に大丈夫！」「3回も確認したから絶対に安心！」「確認したから絶対に安心！」などと口にしましょう。**

私も、退室の際に指さし確認するようにして、「確実に確認したから絶対に大丈夫」と、脳に刻み込むようにしました。これによって安心が得られ、確認強迫的な行動は苦にならなくなりました。強迫的行動は不安が引き起こしているのですから、このようにして安心が得られれば強迫的傾向も弱まっていきます。

5 「自分を抑えてしまう人」は行動を変えよう

「自分を抑えてしまい、やりたいことができません。ほかの人の言うことが理不尽だと思っても、反論できません。もっと自由に振る舞えたら楽しく生きられるのに、といつも思います」

行動を変えれば、性格も変わる

自分を変えるには、行動を変えるという視点を持ち、長期的視野に立つことで展望が開けます。

「気をつかって自分を抑えてしまう」原因は、いい人と思われたい、嫌われたくない、傷つくのがイヤ、責任を負うのがイヤ、面倒になるのがイヤ、自信がないなど、多様な心理が考えられます。こうした複雑で、根深い心理の塊である性格は、短期間に容易に変えられるものではありません。

これに対し、「自分を抑えてしまう」行動は、比較的容易に変えることができます。

そして、行動を変えると、「人が変わったみたい」と評されますが、行動が変われば実際に性格も変わっていきます。

小さめの目標を設定して少しずつ変えよう

行動を変えるといっても、物心ついて以来ずっとおこなっていた行動でしょうから、すぐに全面的に変えられるものではありません。そんなことを目指したら、挫折すること請け合いです。そこで、達成しやすい小さな目標を設定し、小さな目標（下位目標）を次々とクリアーしていくことで、最終目標に到達できるようにします。

ダイエットするにしても、「10キロダイエットしなければ」と考えると「とても無理」という気持ちになるでしょう。でも「毎月５００グラムずつ減らそう」と、小さな目標を立てれば「楽勝！」と感じられます。

このように、焦らずに、安心感と自信を確かなものにしながら、一歩一歩進むようにします。

行動修正の手順「目標、実行、点検」

最初に【目標の設定】をします。自分のいかなる行動を、どのように修正したいのか明らかにし、それを目標として設定します。ただし、その目標は、慎重に考えて決めることが大事です。たとえば、自分を抑えることなく、自由に行動できたら、とても快適だろうと思います。でも、それはまた別な悩みやストレスを背負うことになります。

なぜなら、いままで自分を抑えてきたのは、それによって得るものがあったからなのです。他人とぶつからないので、面倒に巻き込まれずに済みますし、いい人と評価されます。自分で決定しないので、責任を負わずに済むことなどもあったでしょう。

自分を変えるということは、これらを失う可能性があるのです。ですから、現在と変わったあととを天秤《てんびん》にかけて、よくよく考えることが必要です。

次に【当面の目標設定】です。一足飛びに全面的に最終目標に達するのは困難なので、当面の目標（小さな目標）を設定します。目標は、具体的な行動として設定しましょう。たとえば、「会社でもっと積極的に行動したい」という最終目標であれば、「会議のとき、毎回一つは提案事項を準備して参加する」などを当面の目標にします。

最後に**【実行と点検】**です。目標を折に触れ確認し、実行できたときは○をつけると励みになります。また、うまくいったときには、その内容を簡単にメモしておくと、体験が蓄積できて有益です。実行と点検を繰り返していくと、次第にその行動が抵抗なくできるようになります。

ここで述べた方法は、一種の行動療法で、非常に適用範囲が広く有効です。達成が困難に思えることでも、小さな目標を立てて実行していくと、最初に予想していたより早く達成されることも珍しくありません。**私も若いころ、自分の消極的な行動傾向の変容に、この方法を用いました。**研究者になることを最終目標にして大学院に進学しましたが、指導教官から「しゃべらない根本君」と評されるほど消極的な性格でした。

そこで、この行動を修正することを小さな目標の一つに設定しました。具体的には「ゼミでも研究会でも最低3回は発言する」という目標を持って臨んだのです。また「学会で年に2回は口頭発表」し、「論文を年に2編は書く」などの目標も設定しました。

これにより、同年代の人に比べて業績が多くなり、オーバードクターが珍しくなかった時代にもかかわらず、博士課程2年の途中で就職が決まったのです。

受け身でも攻撃的でもない自己主張行動とは？

自分を主張できないために苦しんでいる人には、自己主張訓練が役立ちます。これは、適切な自己主張能力をつけることで、人間関係の改善を図り、よりよい精神生活をもたらす技法です。

ほかの人に対する行動は、一般的に受け身的行動、攻撃的行動、主張行動の三つに分けることができます。

受け身的行動とは、もっぱら自分を抑えて相手に従う行動です。これでは、ストレスがたまっていくばかりです。これに対し、攻撃的行動とは、相手をやっつけたり、屈服させたりしようとする行動です。そのときには気分がスッキリしますが、人間関係の悪化をもたらし、かえってストレスを大きくしてしまいます。

主張行動とは、自分の内面を伝え、ストレスフルな事態の解消をもたらす行動です。単に相手に対して「ノー」と言うのではなく、自分の気持ちや要望、意志などをきちんと表現して伝えることです。

「自分」を主張できない人は、主張行動を攻撃行動と誤解していることが多くあります。そうではなく、自己主張とは、ほかの人の権利を侵害したり傷つけたりすることなく、自分の権利を行使できることなのです。

自己主張訓練の手続き

残念ながら、自己主張訓練という魅力的なネーミングとは裏腹に、この心理療法が自己主張能力をつける特効薬的な方法を提出しているわけではありません。

主張行動は、生まれてから長いあいだ、自分がおこなってきた行動様式に反するものなのですから、段階を追って少しずつ獲得していくしかありません。ともかく自分なりに、自分でできるような形で、少しずつ自分を出してみることです。

最初は、ほんのささやかな主張行動しかできません。場合によっては、主張行動がかえって、ストレスをもたらすこともあるでしょう。それでも、少しずつ、チャレンジしてみること、チャレンジの場を広げてみることです。

そして、自己主張できたと感じたら、自己強化、すなわち、自分で自分にごほうびをあげることも大切なポイントです。

【①自己主張したい場面をあげる】　たとえば「Aさんがいつも一方的に仕事を押しつける」や「参加したくないのに、誘われると断れない」といった場面です。

【②自己主張する場面を選択する】　最初は一つか、せいぜい二つに絞ったほうが、焦点が定まるので有効です。たとえば「その自己主張が正当な場面か」「自己主張できたらストレスが大いに減る場面か」「少し勇気を出せば実際に自己主張できる場面か」といった基準で絞りましょう。

【③獲得目標を明確にする】　最終的な獲得目標は、自己主張によりストレスを減らすことですが、最初から結果を期待できない場合もあります。こうした場合、「ともかくこの場面で自己主張行動ができること」を目標にします。

【④行動の選択肢をあげ、いちばんいいと思う方法を選択する】　自分の気持ちや要望、意志などを伝える方法は「直接会って言う」「電話かメールで言う」「メモを置いておく」「人を介して伝える」など多様な方法があります。

【⑤メンタル・リハーサルをおこなう】　場面と行動を具体的に思い描き、頭の中で練習してみます。実りあるコミュニケーションになるか否かは、何を話すかではなく、どのように話すかによることが少なくありません。ですから、主張するタイミング、内容、言い方、これらをできる限り具体的に思い描いて練習します。

【⑥実行し自己強化する】「Aさんがいつも一方的に仕事を押しつける」という例なら、「私はこれこれの仕事がありますので、いまは引き受けられません。二日ほどで終わりますので、その後でよければ引き受けられます」と言うなどです。攻撃的にならず、しかし、きっぱりと言います。

「後味が悪い」などと、自己主張したことをいつまでもウジウジと考えているのはムダなので、実行できたら、できた自分をほめてあげましょう。

繰り返し同じような場面できちんと自己主張をおこなっていくと、周囲の人もそのように受け入れ、対処してくれるようになります。

また、自己主張する際には、以下の5点を頭にとどめておくと有益です。

一つ目は、勝ち負けではなく、問題を解決するための話し合いであるという姿勢を貫くこと。このために、相手の言うことを部分的に肯定した上で、自己主張することを心がけると有効です。たとえば、「あなたがおっしゃった○○ということは、私も同感です。それで、私がお願いしたいのは……」というふうに。

二つ目は、主張する内容を限定すること。「これだけは許せない」「これだけはしてほしくない」ということを、きっぱりと、短い言葉で明確に伝えるようにします。

三つ目は、自分の主張を相手に強制しないこと。相手には相手の感じ方や考え方、価値観や行動様式があり、相手にもそれを主張する権利があります。ですから、きちんと伝えるべきことは伝えつつ、相手がそれをどう受け止め、感じ、考えるかは、相手が決めることとして、割り切る必要があります。

自分と正反対の人もいるのです。自分が正しく、相手が悪いというものではありません。こうした違いを、事実として、そのまま受け入れる姿勢がストレスを軽減します。

四つ目は、相手の主張行動の受け止め方に留意すること。相手が主張したときに、自分が攻撃されたとか、非難されたとか、あるいは嫌われているなどと受け止めないようにしましょう。傷つきやすい人は、とくにこの傾向のために、不要なストレスを感じていることがあります。

最後の五つ目は、まずい雰囲気になったら、話を切り上げることです。相手の様子を見て、最後まで自分の主張を伝えよう、通そうとするのではなく、適当に切り上げることも、時として必要です。

第7章

「気にしい」の身体を変える

1 身体的な「気にしい」は上手にあきらめよう

心と身体は密接に結びついています。

この章では、身体を通して「気にしい」の心に作用する方法を紹介します。自分に合うと思った技法を習得してください。いざというとき、きっと役立ちます。

体形や容貌など、劣等感と結びついて、自分の身体を気にしていることが少なくありません。その中には、対処できる場合と、対処できない場合とがあります。対処できないことは放っておき、好きなことに熱中しましょう。

対処できるもののみ対処すればいい

顔の「気にしい」は、女性であれば化粧を工夫することで、かなりな程度カバーできます。体形も、ダイエットで修正する方法もありますし、服装でカバーできる部分もあります。

また「整形手術を受けて、自信が得られた」と語る人もいますので、手術も一つの方法ではあります。しかし、なかには際限がなくなり、何度も繰り返す人がいます。後遺症で苦しむ人もいるので、クリニックの選択には十分注意する必要があります。

正確な知識を持てば、解決する身体的劣等感もあります。男子も女子も思春期になると身体が急速に変わり、生殖器やその周辺部位が気になります。これら身体部位の形態、大きさ、色彩、臭いには個人差がありますが、それにもかかわらず自分は異常ではないかと気にして、劣等感を抱いていることが珍しくありません。

対処できない弱点は「放っておく」に限る

劣等感をもたらす身体的要因には、どうしても対処できないものもあります。対処のしようがないなら、残念ながら放っておくしかありません。

そう言うと、「放っておけないから悩んでいるのだ！」という反論の声が聞こえてきそうです。そこで、放っておくのに役立つヒントを以下に述べます。

【尊大な自己中心性を自覚する】

自分の身体的特徴を過度に気にするのは、「ほかの人はみんな、私の身体に注目している」と、暗黙のうちに信じ込んでいるからです。**これまでも述べたように、人はそれぞれ自分のことで忙しく、あなたにそれほど注目していません。**ですから、尊大な自意識により勝手に悩んでいるだけなのです。

１００歩譲って、たとえ笑われたとしても、実際には痛くもかゆくもありません。劣等感とは、自分で創造した心の痛みなのであり、放っておけば何も問題ないのです。

【「気にするだけ損」と確認する】

対処できないなら、気にしてイヤな気分になるだけ損です。無視することがいちばん楽です。「気にするだけ損、損！」とセルフトークして、放っておきましょう。

【あきらめれば楽になる】

変えることができないなら、あきらめてしまうのが最も楽で、賢明な方法です。あきらめられる能力は、生きていく上で大事な能力です。なぜなら**人生は選択の連続です**

が、**それはあきらめることでもある**からです。

たとえば、ある大学に入学することは、ほかの大学をあきらめることです。ほかの大学をあきらめられなくて、大学生活を台無しにしてしまう学生がいます。結婚することは、ほかの異性をあきらめることです。結婚してもほかの異性をあきらめられない不幸は、あまりにも多く見られ、テレビのワイドショーを賑わすテーマでもあります。

あきらめることには、本来、何の努力もいりません。「しょうがない」「ま、いいか」「人それぞれだよね」と、セルフトークしてあきらめましょう。変えられないなら放っておき、変えられるものに焦点を当てましょう。変えられるものは自分の行動や心です。これらを変えることに意識を向けましょう。

【I have weakness. の姿勢を堅持する】

自分の劣っていることに対する姿勢には、二通りあります。

一つは、I am weak.という標語で表される姿勢です。これは「私＝劣っている」ととらえることであり、自我が全面的に劣等感に占領された状態です。

もう一つは、I have weakness.という標語で表される姿勢です。これは「私はある弱点を持っている」というとらえ方で、劣っている点を自分の一部として対象化して見ている姿です。**この姿勢を堅持すれば、劣等感に翻弄されるようにはなりません。**

身体的劣等感は、自分の一部にすぎません。私たちには、内面価値と外面価値があります。内面価値とは、人格的面での価値です。たとえば、努力家、忍耐強い、誠実、やさしい、配慮、献身、共感、自制力、公平、勇気、ユーモアなどです。外面価値とは、次のような側面での価値です。業績、学歴、地位、職業、収入、資格、評判、身体的魅力など。

このように、身体的魅力は、私たちの価値のほんの一部にすぎないのです。

私たちは、内面自己と外面自己の価値を高めようと努力しますが、身体的魅力以外の外面価値は、内面価値によって達成されます。このため、内面価値こそが、私たちの本質的な価値なのです。

これは、言葉の上だけの綺麗ごとではありません。**すぐれた業績を上げた人は、ほぼ例外なく、業績（外面価値）そのものを誇るのではなく、自分がいかに真摯《しんし》に努力してきたかなどと内面価値を誇ります。**自分の内面価値をしっかりと確認し、I am weak.

ではなく、I have weakness. の姿勢でいきましょう。

好きなこと、得意なことに熱中する

何かで自信を持つことで劣等感を克服するのは、誇らしい建設的な道です。劣等感をバネにして粘り強くとり組み、称賛される成果をあげたという例は無数にあります。そのためには、好きなこと、得意なことに打ち込みましょう。好きなことなら続けられますし、得意なことなら速やかに上手になります。

本当に何でもいいのです。好きなことがない、得意なことがないというなら、嫌いではない、苦手ではないことで構いません。**やり続ければ必ず能力が向上して、次第に興味がわき、そのうち楽しくなります。**

劣等感で悩むなんて、バカバカしいことです。そんなものは放っておいて、楽しんだほうが絶対にいい。好きなこと、得意なこと、楽しいことに没頭しましょう。

身体的な劣等感は年齢の産物です。思春期以降に高まり、青年期が最も苦しむ時期です。中年以降になれば、ほとんど気にならなくなります。

長期的な視野を持つことで、気持ちを楽にしましょう。

2 「また具合が悪くなるのでは」予期不安の除き方

「空腹になるとガスが発生してお腹が痛くなり、グーグー鳴ります。その音が聞こえてしまうのが恥ずかしくて、高校のときは4時間目を保健室ですごすことが多かったです。頻繁にトイレに行きたくなるので、友だちと長時間、一緒にいるのがつらいです。急にトイレに行きたくなることが心配で、各駅停車の電車にしか乗れません」

こうした人は、「また起きるのではないか」という予期不安に悩まされています。さらに、ほかの人に症状を知られることを恐れているために、悩みが倍増するのです。

「安心への手立て」はできるだけ具体的に

身体の心配に対する最大の手立ては、むろん医者の診断・治療を受けることです。まだ医者に行っていないなら、早急に受診すべきでしょう。

しかし、医学的治療は終了したのに、なお症状があるとか、医学的には何ら問題がないのに悩んでいる場合もあります。ここでは、そうしたケースを念頭に置いて、その上でとるべき具体的な対策を述べます。


【過敏性腸症候群の事例】


Aさんは、過敏性腸症候群で、中学・高校と医者にかかりましたが、よくならなかったと言います。大学では授業を選択できるので、大人数での騒がしい授業や、ざわざわしながら進める実験・実習を多く受講するようにしました。それでも、静かに受ける授業もいくつかとらなければならず、その時間が苦痛でした。

そこでAさんは、学生相談室に相談し、カウンセラーの先生にお願いして、途中退室を許可する文書を書いてもらったそうです。Aさんは、それぞれの授業担当教員に、許可証を渡して了解してもらうようにお願いしました。すると、いずれの先生も状況を理解してくれ、気分が悪くなったら断りなしでの退室を認めてくれました。

これでいつでも退室できるという安心が得られて、とても気持ちが楽になりました。

ひどい症状のときは、思い切って欠席するようにしたとのことです。結局、Aさんは卒業までに一度も途中退室しないで済みました。

【パニック障害の事例】

Bさんは、パニック障害で発作が起きると、苦しさのあまり、「このまま死ぬんじゃないか」と恐怖に襲われてしまいます。そんなときBさんは、担当のお医者さんから「この発作で死ぬことはない。長くは続かず必ず元に戻るから」と助言されたことを思い出して、心を落ち着けるように努めるそうです。

さらにBさんは、普段からこの言葉を思い出して、頭に刻むようにしています。発作が起こりそうなときには、この言葉を頭の中で何度も繰り返すと落ち着いてくると言っています。**また、いざというときのために、薬や紙袋を持つようにしていますが、実際に使ったことはないそうです。ただ、持っていると少し安心できると言います。**

【筆者の事例】

私は、かつて1時間と落ち着いて座っていられませんでした。腸が癒着《ゆちゃく》する幻想にとらわれていたからです。

中学3年の夏に虫垂炎《ちゅうすいえん》の手術をしましたが、これが悪化してしまい、また、昔の田舎医者による施術でもあったせいか、入院は1か月を越えました。

その1年後に再び手術。嘔吐《おうと》と苦痛にのたうち回りながら、朦朧《もうろう》とした意識で受診すると、診断は腸閉塞《ちょうへいそく》。腸が背中側に癒着して、詰まっているという状態でした。

癒着した部分をはがし、壊死《えし》した腸の部分を切り縮めるという手術で、ゴム管を刺したまま切開部分を縫合《ほうごう》。この管から腹腔内《ふくくうない》の膿《うみ》を吸い出し、薬を注入するという、ひどい痛みを伴う治療が1か月ほど続きました。その後、慢性的な下痢《げり》や吐き気にずっと悩まされ続け、そうなるとついお腹に意識が向かいます。すると腹部に違和感が生じ、「腸閉塞再発の兆候？」と不安になってしまうのです。

この症状にとった対処法は、主に二つでした。

一つ目は、1時間集中すると決めてとり組むこと。関心がほかの対象に向いているときや、何かに集中しているときは、この不安から免れていました。このため、何かに集中することを目指しましたが、それはせいぜい1時間が限度でした。それで、最初から

「1時間だけ集中する」と決めてとり組むことにしたのです。

二つ目は、安心の言葉を繰り返すこと。「○年も再発していないのだから大丈夫」「心因性の症状だから気にしないこと」などと日記に書いて、繰り返し確認しました。

30代になって、ようやくこの症状とうまくつき合えるようになりました。

以上のように、また症状が起きるのではないかという予期不安には、安心の手立てをとることで対処します。何が安心の手立てになるかは症状により異なるので、よく考えて決めるようにしましょう。

安心のためとして不適切な対処をしていると、かえって悪影響をもたらすおそれがあります。たとえば、過敏性腸症候群のために朝昼の食事をとらないとか、頻尿《ひんにょう》や漏尿《ろうにょう》のために水分摂取を過度に控えるなどです。また、症状を知られないようにと人間関係を避ける例も見られます。しかし、不適切な手立ては、速やかに捨てるべきです。

予期不安で苦しむ状態は、容易には消失しません。ですから、焦らないでつき合っていくようにします。そのうち、さほど気にならなくなり、私のように「どうやら抜け出せたかな」と思えるときがきっと来ます。

周囲の人に知らせておくと楽になる

症状が知られることが恥ずかしくて、つい隠していることが多いのですが、周囲の人に知っておいてもらったほうが安心につながります。

先に述べたように、過敏性腸症候群のAさんは、担当の教員から断りなしに退室する許可を前もってもらうことで、安心して教室にいることができました。また、親しい友達には症状を打ちあけ、そのために急に座をはずすことがあると理解してもらったら、気が楽になったと言います。

拒食症の学生は、友だちに昼食に誘われると断れずに、つき合って我慢して食べ、その後トイレで吐くということを繰り返していました。つき合って食べるということも苦痛ですが、それ以上にトイレで吐くことがみじめでつらいと言います。

カウンセラーの先生からの助言で、勇気を出して友だちに拒食症であることを話しました。その後は、昼食に誘われても飲み物だけで済ませることができるようになり、トイレで吐くという行為から解放されました。

隠しておくから、ストレスが大きくなるのです。隠しておけば、嘘をつかなければならなくなります。昼食に誘ってくれる友だちに対して、「騙している」という後ろめたい気持ちにならざるを得ません。

あざけられたり、バカにされるのではと、恐れて症状を隠してしまう気持ちもわかりますが、実際に打ち明けてみれば、「じつは私もそうなの」とか「大変ね。私にできることがあったら何でも言って」など、あたたかい反応が返ってくるのが普通です。

逆に、自分が友だちから打ちあけられたら、どう反応するかを考えてみてください。そうすれば、このことは納得できるでしょう。

信頼できる周囲の人に、自分の状態を知っておいてもらうようにしましょう。

不安や心因性の痛みに効く「プロセス瞑想法」

私たちは不安や不快、痛みなどを異物と感じ、排除したいと思っています。でも、これらは異物ではないのです。自分の心や身体の作用であり、自分そのものにほかなりません。自分の一部を、意識から排除しようとするから苦しいのです。逆に、受け入れて、共存すれば楽になります。

一般に瞑想法では、呼吸に意識を集中することで、不安を意識から除くことを目指します。これだと、瞑想中は安心が得られますが、不安そのものに対処しないので、瞑想を解くと不安が戻ってきます。私は、この点で瞑想法に不満を感じていました。

そこで、米国の心理学者アーノルド・ミンデルの「プロセス瞑想法」などを参考にして、むしろ不安や不快に意識を向け、それらを受け入れることで心の平穏を得る瞑想をおこなっています。手順としては以下の通りです。

① 軽く目を閉じてリラックスします。座った状態でも横になった状態でも結構です。

② いろいろと頭に浮かんできますが、そのままに任せます。考えようとするのではなく、自然に任せるのです。

③ 心配なことが浮かんできて、不安な気持ちになります。このとき、身体の一部に軽い痛みを感じることがあります。

④ それをそのまま受け入れ、一体化しようとします。このとき、強く意識して「受け入れよう」「一体化しよう」と努力するのではなく、自然に任すという姿勢を保ちます。胸を開いて「どうぞ、どうぞ」といった感じです。

⑤ 受け入れていると、やがて不安がさほどのことはないと感じられ、痛みもいつのまにか和らいできます。

私は夜間、胃炎の痛みと思われるものを感じることがありますが、この方法で対処しています。この瞑想法は、不安や心因性の痛みなどに有効です。

あなたも、実際に試してみて、いいと思ったら使ってみてください。

身体を動かして意識のベクトルを外に向ける

「具合が悪くなるのでは？」と予期不安に悩まされている人は、不安に対処することが生活の中心になっていることが珍しくありません。

学生であれば、授業を受けていてもこのことばかりで頭がいっぱいで、教師の説明が頭に入りません。社会人であれば、職場でパソコンに向かっていても、注意は自分の身体に向けられて、ちっとも集中できません。

注意を自分の身体に向けているために、ちょっとした身体的変化に過敏になり、不安になります。いや、こうした身体的変化そのものが、過度の注意力の引き起こす現象でもあるのです。そして、不安になると、自律神経のバランスが崩れるなどして、じっさいに身体的変調をきたします。

こうしたとらわれの悪循環から抜け出そうとして、雑多な情報を収集したり、いろいろな方法を試したり、効果の明らかでない方法に執着したりします。

しかし、必死に治そうとすればするほど、自分の身体を無意味にいじくり回してしまい、逆効果になることが少なくありません。

こうした状態から抜け出るには、意識のベクトルを外界に向けることが必要です。そのためには、生活の中に身体を動かす活動をとり入れるようにします。ジムに行ったり、仲間とスポーツをしたり、ランニングやウォーキングをしたりするなど、自分の好みの運動をスケジュールに組み込みます。

活動に夢中になっているあいだは、症状への不安を感じることはありません。また、運動しているということ自体が、身体的不安の解消に役立ちます。この体験を積み重ねることで、いつの間にか症状を卒業しているという状態に至るでしょう。

3 緊張して胸が苦しいときは「腹式呼吸」で！

緊張すると心臓がバクバクして、胸が苦しくなります。それを意識すると、いっそう混乱してしまいます。こうしたとき、ゆっくりと腹式呼吸をすることで、身体の緊張が緩んで、気持ちも落ち着いてきます。

気持ちは呼吸によって決まってくる

私たちは胸式呼吸と腹式呼吸をおこなっています。

胸式呼吸とは肺の周囲の胸郭を広げたり、狭めたりすることによる呼吸であり、腹式呼吸とは横隔膜を上下させることによる呼吸です。緊張すると速く浅い胸式呼吸になり、リラックスするとゆったりした腹式呼吸になります。**このため、腹式呼吸を意識的におこなうことで、心身のリラックスをもたらしましょう。**

腹式呼吸をすると、リラックスしているときに出るα波が多くなり、快適な気持ちをもたらすエンドルフィンやセロトニンの分泌が盛んになると報告されています。

ヨガ、禅、気功、空手、太極拳、その他の古武術では「調身《ちょうしん》、調息《ちょうそく》、調心《ちょうしん》」といって、身体、呼吸、心が互いに密接に絡み合っているとされています。いずれにおいても呼吸法が大事な要素とされており、その基本は腹式呼吸と言えます。

腹式呼吸のコツとイメージ法との併用

【①仰向けに寝て、できるだけ脱力する】 イスに座っておこなうのもいいのですが、横になって練習するほうがやりやすいようです。

【②片方の手をお腹に置く】 おへそのちょっと下に「丹田《たんでん》」と呼ばれる部位がありま す。手はそのあたりに置くといいでしょう。お腹に手を置くことで、腹式呼吸になっているかどうかがわかります。腹式呼吸になっていれば、息を吐いたときにお腹がへこみ、吸ったときにお腹がふくらみます。

【③お腹をへこますようにして、息をゆっくりと口から吐く】 吐く長さと吸う長さの比は、2対1などとよく言われますが、最初はとくに気にせず自分が気持ちいいと感じるリズムでおこないます。口を少しすぼめる形で吐くと、お腹で吐くという感覚をつかみやすいようです。

【④お腹の力を抜き、鼻で息を吸う】 息を吐き終わったところでお腹の力を抜くと、自然にお腹が元の位置に戻ろうとして息を吸うようになります。少しだけお腹を意識的にふくらませるようにして、より深く吸うようにしましょう。深呼吸と考えると胸式呼吸に傾きがちなので、「お腹をへこます」「お腹をふくらませる」という意識でやるようにします。

また、腹式呼吸とイメージ法を併用すると有効です。たとえば、息を吐きながら「心がとても落ち着いている」と、後述する自律訓練法の背景公式を頭の中で唱えます。また、吐くときに「嫌な気持ちを吐き出す」とイメージします。とにかく、いいと思うものを自分で試してみて、いちばん気持ちのいいやり方を身につけていくことです。

生きている限り、休むことのない呼吸。ですから、ほんのちょっとでも呼吸を効率化すれば、一生のうちにその差は膨大なものになります。

腹式呼吸法を習得して、絶対に損はないと思われます。

4 身体がこわばったら筋弛緩法で解きほぐす

「会社ではいつも身構えているせいか、肩がこって、首のまわりが痛いです。化粧室で鏡を見るとイヤになります。緊張が顔に出て、不機嫌な表情になっているからです」

身体のリラックスから心のリラックスへ

筋弛緩法《きんしかんほう》（漸進的リラクゼーション法）は、筋肉の緊張を解くことで、心身のリラックスをもたらすものです。リラックス科学の創始者と言われる米国のエドモンド・ジェイコブソンによって開発されたもので、その後のいろいろなリラクゼーション法のもとになっているものです。

ストレスによる心理的緊張は、筋の緊張をともなっており、筋の緊張が心理的プレッシャーを加速するという関係にあります。このため、筋の不用な緊張を解くことで、身体のリラックス状態をつくり出し、身体のリラックス状態から心理的リラックスをもたらそうとするのが筋弛緩法です。

筋弛緩法の適用範囲は広く、以下のような効用があげられています。

過度の緊張の修正、過労の改善、睡眠の改善、肩こり、頭痛、大腿部《だいたいぶ》や腰の痛みなどの除去、下痢、便秘、腹痛の除去、本態性《ほんたいせい》高血圧や二次性高血圧の自己管理、恐怖、不安、怒り、焦りなど諸感情のコントロールなどです。

筋弛緩法には簡単にできるメソッドがある

体系化された筋弛緩法は、非常に丁寧な方法であり、それだけに習得するのは容易ではありません。**そこで、筋肉を強く緊張させ、一気に脱力するという簡便な方法が多く用いられています。**強い緊張を一気にゆるめることで、自然にある程度のリラックス状態になるのでやりやすい方法です。

それぞれ緊張させるのは5秒～10秒程度、リラックス状態は10秒～20秒程度でいいとされています。横になったほうがやりやすいですが、イスに座った状態でも大丈夫です。次に主要なプログラムを示しておきますので、自分に合ったものを選んで試してみてください。

【腕のリラックス】

① 両手を強く握り締め、手や前腕の緊張の感覚を体感します。一気に力を抜いて、リラックスの感覚を体感します。これを何回か繰り返します。

② ひじを曲げてぐっと力を入れ、緊張感覚を確かめたら、一気に脱力して、リラックスの感覚を確かめます。

③ 腕を伸ばした状態で、上腕に力を入れ、緊張感覚を感じたら、一気に脱力して、リラックス感覚を確かめます。

【顔のリラックス】

① 額に力を入れてしわを寄せ、一気に力を抜きます。

② 眉間に力を入れて眉間にしわをよせ、一気に力を抜きます。

③ 目を固く閉じて、一気に力を抜いてリラックスします（目は軽く閉じたまま）。

④ 歯を固く食いしばり、一気に力を抜きます。

【首のリラックス】

① 首を後ろにそらせて緊張の感覚を感受し、スッと脱力してリラックスします。

② 首を右（左）に曲げて緊張を感受し、まっすぐに戻してリラックスします。このとき、首を右に曲げるとは、右を向くのではなく、頭を右に傾けることです。首に何らかの障害のある人や、その恐れがある人は避けたほうがいいでしょう。

【肩や背中のリラックス】

① 両肩をすくめるように耳のそばまで持ち上げて、一気に脱力します。

② 両肩をゆっくり回して緊張を確かめ、リラックスします。

③ 後ろに反り返って背中が弓なりになるようにして、一気に脱力します。

【脚のリラックス】

① でん部をぎゅっと締め、次に緊張を解きます。

② 太ももの内側をぎゅっと締め、緊張を解きます。

③ つま先を顔の方へ引っ張り、緊張を解きます。

④　つま先を身体から遠ざけるようにぴんと伸ばし、緊張を解きます。

リラックスした状態で、言葉を頭の中で唱える自己暗示を併用してもよいでしょう。たとえば「とてもリラックスしている」「リラックスして気持ちいい」などの言葉です。とくに緊張しやすい人、肩がこりやすい人、身体が硬い人などに有効であるように思われます。

部分的にでもやってみると、自分の身体について思わぬ発見があります。**筋弛緩法は、起床前とか夜眠る前に、ベッドの上でできるので便利です。**

しかし、この方法がまどろっこしい人は、ストレッチングやヨガなどに挑戦してみるのもいいでしょう。これらでは、自分の身体の状態に応じた動きをすることが大事なので、専門書によってください。

5 不安が強い人は「自律訓練法」でリラックス

「プレゼンテーションの順番待ちで緊張しまくっている」
「気持ちがイラついて、どうにも落ち着かない」
「気がかりなことがあって、なかなか眠れない」

自律訓練法は、こんなときに役立ちます。多くの人におすすめの方法です。

自律訓練法とは？

自律訓練法は、ドイツの精神科医ヨハネス・ハインリヒ・シュルツによって体系化されたもので、身体的にゆったりした状態を自己暗示でつくり出すことにより、心を落ちつかせようとする方法です。

この療法は、不安神経症など心理的問題を持つ人ばかりでなく、ある種の高血圧の患者などにも適用され、有効性が実証されています。また、グロブリンやナチュラルキラー（NK）細胞が増えるなど、免疫力が高まることも示されています。

健康な人では、不安、緊張、焦り、怒りなど感情的な興奮をしずめるのに有効ですし、最後まで到達しなくても、心身がリラックスする気持ちよさを体験できます。

自律訓練法のメソッド

自律訓練法は「標準練習公式」として定式化されており、以下のような順番で練習していきます。

【背景公式：安静感の自己暗示　「気持ちがとても落ち着いている」】

イスに座るかベッドに横になって、身体的にゆったりとした姿勢をとります。目は軽く閉じ、口元の筋肉もゆるめます。この姿勢で数回深呼吸し、普通の呼吸に戻ります。

そして「気持ちがとても落ちついている」と、頭の中でゆっくりと数回唱えます。気持ちが落ちつくまでやるのではなく、数回繰り返したら、公式1に入っていきます。

練習は、いつもこの背景公式から始め、公式1～6と順番に進んでいきます。また、この背景公式は、以下の練習の中で適宜入れていきます。たとえば「両腕《りょうて》両脚《りょうあし》が重くて温かい。気持ちがとても落ち着いている」などというように。

【公式1：四肢重感練習　「両腕両脚が重たい」】

「右腕が重たい」と、頭の中で何度もゆっくりと唱えます。がんばってやろうと気負わないで、それとなく腕に注意を向けているという態度でいるようにします。

ある程度「右腕が重たい」という感覚を感じられたら、次は「右腕が重くて、左腕も重たい」というように、左腕にも広げていきます。さらに、両腕でこの感覚がある程度つかめたら、「両腕が重くて、右脚も重たい」と脚のほうにも広げていきます。これを繰り返し練習して、「両腕両脚が重たい」と四肢《しし》全体に広げていきます。

「両腕両脚が重たい」という感じをある程度つかめたら、次の段階に移ります。

【公式2：四肢温感練習　「両腕両脚が重くて暖かい」】

「右腕が重くて温かい」と、頭の中で何度もゆっくり唱えます。

重感練習と同様に、次第に「両腕両脚が重くて温かい」と四肢全体へと広げていきます。これを習得すると、腕や脚の体温が実際に上がることが実証されています。

「重たい」とか「温かい」という感覚が、実感として最初なかなかつかめないかもしれません。それでも、練習していると「これだな」と体感できるときが来るはずです。

【公式3：心臓調整練習　「心臓が規則正しく打っている」】

「心臓が規則正しく打っている」と、頭の中でゆっくりと繰り返します。

自律訓練法を習得すると、心拍数が実際に下がることがわかっていますが、心拍数を直接下げるということを目標にするものではありません。

ここでは、心臓が動いているのを、それとなく胸の辺りに感じればいいのです。ですから、この段階は比較的短期間で通過することになります。

【公式4・呼吸調整練習　「自然に楽に呼吸している」】

「自然に楽に呼吸している」と、頭の中でゆっくりと繰り返します。

これも、無理に呼吸をコントロールしようとする必要はなく、呼吸していることに意識を向けていればいいのです。すると、冷たい空気が鼻から入ってきて、暖められた空気が鼻から出ていくのが感じられます。

「自然に楽に呼吸している」という感覚がつかめたと思ったら、次の段階に移ります。

【公式5：腹部温感練習　「お腹のあたりが温かい」】

「お腹のあたりが温かい」と、頭の中でゆっくりと繰り返します。お腹のあたりとは、みぞおちとおへその中間あたりをさしています。

ですから、そのあたりをイメージすればいいのですが、最初はそこに片手を当てて練習すると、焦点が定まってやりやすくなります。

昔から物事に動じないとか、迷いが収まることを「腹がすわる」と言いました。お腹が落ち着くことは、心が落ち着くことなのです。「お腹のあたりが温かく気持ちいい」と感じられるようになれば、次の段階に進みます。

【公式6：額部涼感練習　「額が気持ちよく涼しい」】

「額が気持ちよく涼しい」と、頭の中でゆっくりと繰り返します。

このとき、額全体が涼しげになるようなイメージをすると有効です。冷たいということではなく、そよそよとした風の涼しさといった感覚です。

毎回、背景公式から始まって、重感練習、温感練習と積み重なり、ここまできます。ですから、頭の中で唱える言葉は「両腕両脚が重くて、暖かい。心臓が規則正しく打っている。自然に楽に呼吸している、お腹のあたりが暖かい」ということになります。

それぞれを適当に繰り返し、さらに、そのあいだに「心が落ち着いている」という背景公式を適宜挿入します。

積極的にがんばろうとせず自然に任す

練習は1回あたり10分程度、1日2〜3回おこないます。普通2〜3か月で最後の段階まで到達できるとされています。いずれの段階も、**積極的に対象部位に注意を向けるのではなく、ごく自然に対象部位に注意が行っているといった状態を心がけます。**

ですから「よし、がんばって練習するぞ！」という心構えではなく、自然に与えられる心身の状態を、そのまま受け入れようというような態度です。

また、途中で雑念や心配事などが浮かんできても、無理に振り払おうとしないで、標準公式をただ繰り返すという姿勢でいればいいのです。

こうした姿勢を「受動的注意集中」と言います。この言葉を覚えておくといいでしょう。

自律訓練法による特殊訓練で幸せを感じよう

最後の段階まで行かなくても、公式2の四肢温感練習にまで至れば、効果を実感できます。ですから、四肢温感練習までを当面の目標にするのもいいでしょう。

私は毎日血圧を測っていますが、公式1の四肢重感練習をおこなって測定すると10〜20程度血圧が低下しています。また、夜眠れないときにおこなうこともありますが、最後の段階まで行く前に寝入ってしまいます。

会社や学校へ行く途中で気が重ければ、通勤や通学の電車の中でおこなってみると、気持ちが安らいでいくのでおすすめします。

自律訓練法は、さらにこの発展として特殊練習があります。それは、特定の症状や状態に特化した訓練です。

たとえば、自信をつける訓練なら、四肢重感・温感状態をつくり出して、「私はできる」「私はやり遂げられる」などの言葉を、何度も何度も繰り返します。自律訓練法によって被暗示性が高まった状態なので、単なるセルフトークよりも効果があります。

私は、自律訓練法によって心が落ち着いてくると、「幸せ、幸せ」という言葉を使うことが多いです。すると、実際に幸せな気持ちになり、自然に口元に笑みが浮かんできます。

ストレスを感じやすい人、傷つきやすい人、緊張しやすい人、不安の高い人、自信がない人、憂鬱感が強い人、気持ちが動揺しやすい人、焦りがある人、あがり性の人など、少し訓練は必要ですが、習得する価値があると思います。

「自分にはこれがある」というだけでも、精神的に大いに支えになるものです。

おわりに

心理的に悩んでいる人は、いやしの本を何冊も何冊も読むことで、かえって同じ場所にとどまっていることが少なくありません。

本書は慰めを得るための本ではありません。実行するための本です。読むだけでは変われません。行動しなければ何事も変えられないのです。自分に合うと思った方法を、ぜひ試してみてください。

多くの方法を、完璧におこなう必要はありません。一つでも、二つでも有効な方法を身につければ、長い人生を送るうちに大きな成果となって表れます。

何事も習得し、上手になるには、繰り返しの練習が必要です。効果がないとすぐにあきらめないで、粘り強く練習してください。

とはいえ、「気にしい」への対処だけで日々がすぎていくのは、じつにバカバカしいことです。「気にしい」を完全に卒業しなくても、夢を実現するための行動をこそ、日々の中心に据えるべきです。

そのためには、夢を持ち、その夢を実現するための人生設計を描いておく必要があります。これがあれば、こまごまとした思惑で右往左往することから解放されます。捨ててよい場面と、どんなにつらくてもがんばりぬくべき場面が明確になります。

耐えるつらさは希望へとつながり、充実した日々になります。

発達とは、人生をより深く楽しめるようになることです。年齢を重ねるほどつらくなっているなら、それは健全な発達ではありません。より楽しめる方向へと自分を発達させましょう。自分の心を決めるのも、自分の行動を決めるのも、自分の人生をつくるのも、自分自身にほかなりません。

２０１８年10月

根本橘夫

参考文献

エレイン・N・アーロン著、明橋大二訳『ひといちばい敏感な子』一万年堂出版
佐々木雄二『ストレスを簡単に解消！　自律訓練法』ゴマブックス
成瀬悟策『リラクセーション』講談社
根本橘夫『なぜ自信が持てないのか―自己価値感の心理学』ＰＨＰ新書
根本橘夫『「つらい人間関係」がぐっと楽になるヒント』ＰＨＰ文庫
ポール・ウイルソン著、木村貞子訳『瞬間リラックス―心と体に効く驚異のリラックス法１００』河出書房新社

根本橘夫（ねもと・きつお）
1947年、千葉県生まれ。東京教育大学心理学科卒業。同大学院博士課程中退。千葉大学教授、東京家政学院大学教授を歴任。現在、東京家政学院大学名誉教授。専攻は教育心理学、性格心理学。
主な著書に『人と接するのがつらい』（文春新書）、『「自分には価値がない」の心理学』（朝日新書）、『なぜ自信が持てないのか』（PHP新書）などがある。

ブックデザイン　福田和雄（FUKUDA DESIGN）
イラスト　たつみなつこ
本文デザイン・DTP　朝日メディアインターナショナル
編集担当　丑久保和哉（WAVE出版）

「気にしい」のもやもやが消える方法

2018年10月11日第1版第1刷発行

著　者　根本橘夫
発行者　玉越直人
発行所　WAVE出版
〒102-0074　東京都千代田区九段南3-9-12
TEL 03-3261-3713　FAX 03-3261-3823
振替 00100-7-366376
E-mail: info@wave-publishers.co.jp
http://www.wave-publishers.co.jp

印刷・製本　萩原印刷

NDC140　222p　19cm　ISBN978-4-86621-166-4